小学館文庫

おれたちをまたぐな！

わしらは怪しい雑魚釣り隊

椎名 誠

小学館

おれたちをまたぐな！　わしらは怪しい雑魚釣り隊

目次

雑魚釣り隊全員集合!

いつものメンバー

名嘉元三治

沖縄出身。雑魚釣り隊のタマリ場である新宿三丁目の居酒屋『海森』店主。「サビキのナカモト」「置き竿のミツジ」と名乗っている。

タコの介

樋口正博。沖釣り雑誌『つり丸』元編集長だが海と釣りが嫌い。気の向いた時にキャンプ地へやってきてテント村の留守番をしている。

隊長・**椎名誠**

第一次『わしらは怪しい探険隊』(角川文庫)から四十年ほど同じようなことをしている。ビールと焚き火と堤防昼寝が人生だ。

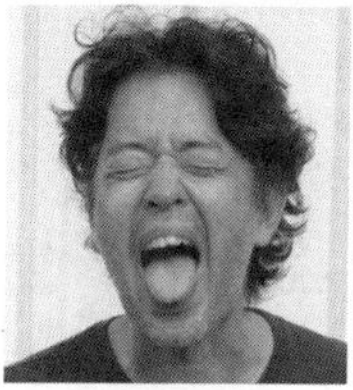

副隊長・**西澤亨**

傍若無人の暴れ者で「平塚の不発弾」「森の西松」「若頭」などの異名をとる。船釣りが嫌いで、堤防から太竿遠投釣りばかりしている。

マキエイ

河内牧栄。アラスカ在住。雑魚釣り隊参加のために年に数回わざわざアラスカから帰ってくる。髭とタンクトップがトレードマーク。

ピスタチオ

松丸直希。関西組最年長の物静かなデザイナー。独特の髪型をしていて、頭の形がピスタチオに似ているためこう呼ばれている。

岡本宏之

雑魚釣り隊釣り部部長。アタリが全然無くても笑顔でルアーを投げ続ける強い精神力を持つゆえに「ヘンタイ部長」と呼ばれている。

海仁

齋藤海仁。雑魚釣り隊のエース。大学院では役に立つかわからないウニ・ホヤ・ヒトデ研究をしていた。天敵はニンニク、好物は白湯。

ヒロシ

齋藤浩。別名「一升チャーハンのヒロシ」。常に自分の釣果を大声で主張して走り回っていたが、イクメン化してからはおとなしい。

コンちゃん

近藤加津哉。雑魚釣り隊発足から七年間、よろず世話人として隊を支えた。釣りはなんでもうまい万能派。特にイカ釣りの腕はプロ級。

みっちゃん

川野充信。自己紹介で「さんぼんがわに～のはらの～」と言うため、通称さんぼんがわ。全身痛風男でいつも体のどこかが腫れている。

ヤブちゃん

薮内辰哉。関西ドレイ組リーダーで特殊ブラシの工場を経営している。いつもキャンプに大量のスナック菓子と歯ブラシを持ってくる。

天野哲也

体重百二十五キロ超級。ご飯は常にまんが盛り。巨体に似合わず電子プログラマー。最近、名古屋から東京へ越してきてさらに大食いに。

タカ

平石貴寛。アメリカのワシントンDCからやって来るドレイ。よく新宿で飲んでいるため本当は岐阜県あたりに住んでいるとの噂あり。

香山イテコマシタロカ君

本名「光」。コテコテの関西人。大手出版社に勤めており雑魚釣り隊で一番忙しい男と言われている。天野と並びデカバラ番付は横綱。

太陽

橋口太陽。長崎のバカ兄弟の兄。雑魚釣り隊初の人事異動によりドレイから一般隊員に昇格した心優しき若手リーダー格。フグ釣り命。

ベンゴシ

田中慎也。正真正銘本当の弁護士だが、いつも新宿で飲んだくれて酔っ払っているため、誰も信用せずカタカナの「ベンゴシ」が通称。

ザコ

小迫剛。毎回、超絶美味料理を繰り出す雑魚釣り隊料理長。プロミュージシャンでもあり、雑魚釣り隊のテーマソングも作ってくれた。

おかしら竹田

竹田聡一郎。雑魚釣り隊のドレイをまとめる「ドレイ頭」。口は悪いが根はいい奴。スポーツライターとして世界中を飛び回っている。

ケンタロウ

新里健太郎。『週刊ポスト』の編集者で現よろず世話人。釣り部部員でもあり、暇さえあれば海に出ている。隊では主に魚捌き担当。

トオル

大八木亨。新宿で予約困難な人気ビストロを経営。どんな食材も彼にかかれば一瞬でバカ旨料理に。釣れないときのマグロ仕入れ担当。

ダイスケ

榊原大祐。「ああ、そうっすねえ」という相槌をよく打つため、皆に適当な奴だと思われているが職業はKADOKAWAの有能編集者。

ウッチー

内海裕之。カメラマンで集合写真を一発で撮影する特技を持つ。クルマの運転、力仕事、大食いどれも得意だが船に乗るのは苦手。

ドウム

橋口童夢。長崎のバカ兄弟の弟でドレイ歴が最も長いドレイの中のドレイ。筋金入りのドレイだけに一般隊員への昇格予定はまだない。

ショカツ

庄野宣行。徳島生まれ。いつでもどこでも阿波踊りを踊っている。起業して奈良へ引っ越したが、毎回、夜行バスに乗ってやってくる。

デン

加藤寛康。隊長がアイスランドを旅した際にスカウトしてきた若手ドレイ。その時は電通に勤めていたため「デン」と呼ばれている。

ヨシキ

小海途良幹。名字は「こがいと」と読む。はんなり言葉を喋り雑魚釣り隊の玉三郎と呼ばれている。本職はスポーツ新聞のカメラマン。

新しく加わったメンバー

三嶋克也

長身細身の新ドレイ。酒は飲めずコーラばかり飲んでいるが、大酒飲みばかりの雑魚釣り隊では夜の買い出しなどで早くも大活躍中。

單（タン）さん

單行道。雑魚釣り隊が台湾に遠征した際、現地で通訳をしてくれた。その後日本にやって来て入隊。酔っ払った隊員たちより日本語堪能。

京セラ

加藤潤也。釣りとカメラ大好きな最年少ドレイ。デンと同じ「加藤」だが、こちらは京セラに勤めていたため「京セラ」と呼ばれている。

山崎貴之

ダイスケ同様、KADOKAWAの編集者。元走り幅跳び選手で運動神経抜群。堤防釣りでもセンスを感じさせる期待の新ドレイ。

あつを

大原忠。神戸出身の新ドレイ。精密機器メーカーの営業マンをやっておりいつも車を運転しているため隊でも運転担当。無類の麺好き。

似田貝大介

通称「しろめしおかわりくん」。とにかく白いご飯が大好きで、いつでもどこでもご飯のことしか考えていない。天野のライバル。

大物客人（待遇）

宍戸健司

数々の伝説に彩られた出版社役員。釣りもバクチも勝負強く、いつも土壇場で大物を釣り上げる。油モノ好きで「アブラ人」の異名あり。

土屋和夫

元大手出版社小説誌編集長。神出鬼没な上、キャンプに来ても船に乗っても常に本を読んでいる。謎が多く「仙人」と呼ばれている。

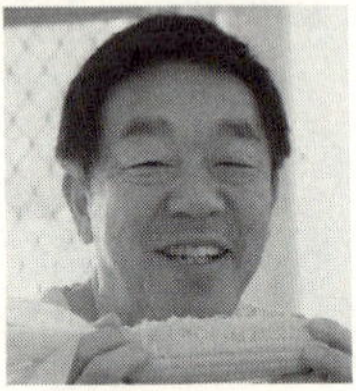

太田トクヤ

新宿居酒屋の立志伝中の人物。新宿三丁目の「池林房」ではいつも誰かしら隊員が酔い潰れている。椎名とはライバルであり朋友。

気分は海浜遊牧民

風が冷たいマリファナ海岸

海の中にも当然「四季」はある。真夏と真冬では水温がまったく違うから、そこで生活しているオサカナさんたちもたいへんだ。モモヒキを一枚はく、というわけにもいかないから、全身の皮膚というか皮に厚みをもたせたり、その下の脂肪を厚くしたりと対策に苦労している。自分で泡をたくさん出して、口や体のまわりにまとわりつけたりもする（これ、アオブダイなどが寝るとき本当にやっている）。多くの魚は背中を丸め岩陰のこたつに入ってじっと春の来るのを待っているのである。

そういう自然の摂理を一切考慮しない我々雑魚釣り隊は、元気の出る歌をうたってごまかす。しかし最近関西勢がのしてきたことによって歌も少しずつ乱れつつあり、「わしらにゃよー冬も夏もあらへんでえ。魚だって生き物や、わしらだって生き物や。みんなみんな生きているんだ、あほんだら、いてまうでえ」

などとわけのわからない歌をうたいながら三浦半島第二秘密基地「マリファナ海岸」にむかった。

ここも正式なキャンプ地ではないから自由度が高い。なぜマリファナ海岸と呼ばれているかというと、数年前にこの海岸に不良外人が何人かきて、夜更けに車のドアをあけて音楽をガンガン鳴らしはじめた。不眠症でやっと寝られるかなあと思っていた矢先を強引に起こされたおれは怒り狂い、スコップを持ってそいつらに一人で殴り込みをかけた。完璧《かんぺき》に逆上していたのだ。

なんだかよくわからないコトバを話すスキンヘッドの南米人らしき男女三人組だった。マリファナの匂《にお》いが濃厚に流れていた。ここらの工場に勤める工員のようだった。スコップこそ振り回さなかったが、空手のカタの真似《まね》をしたらビビってすぐに音楽をとめた。あいつらは日本人は全員ブルース・リーだと思っているのだ。以来、そこは「マリファナ海岸」と呼ばれるようになった。ただし「タクワン浜」と同じようにおれらがつけた地名だから地図には出ていない。

今回は、おれの私用で当初決めていたスケジュールを一週間ズラしてしまったので、参加者は海仁、香山、天野、ザコ、太陽、京セラ、ケンタロウ、ウッチーとおれの九名になってしまった。いやすまなかった。

釣り部、走水のデカアジ大量確保

雑魚釣り隊はもう十年ほど春夏秋冬の海と対決しているから、さすがに二月は岩陰でこたつに入っている小魚も世間話に夢中になっていて、陸《おか》っぱり（陸から釣ること）では何も釣れないだろう、ということがわかっていた。だから「雑魚釣り隊釣り部」の海仁とザコが、その早朝から本隊と別行動をとって「走水《はしりみず》」に行っている。「走水」というように東京湾でも一番潮流の速いところで、ここのアジといったら九州の関アジといい勝負だ。

北風が骨身に染みるなか海仁とザコは乗合船で沖に行った。おれたちの夜の酒の肴《さかな》が彼らにかかっている。

その日の釣りかたはイワシのミンチをコマセ（よせ餌《え》）に使う「ビシ釣り」。オモリは百三十号。エサは数ミリ角に切って赤く染めたイカ。通称「赤タン」である。

釣果は最初から絶好調だった。一投目から三十センチをこえる良型。仕掛けを下ろせばほぼ完全にアタリ（魚が食って竿先が動くこと）があり、二人はわしらのために三時間ばかり奮闘して三十匹ほど大きいのを釣りあげていた。外道はサバにイシモチ。

その頃、本隊のクルマ四台は順調に同じタイミングで本日待ち合わせ場所の三浦のカインズホームに集結していた。

今回は陸っぱりでは何も期待できないところから、おれはオフシーズンのあいだにいくつかの簡易大型手作りテントの研究と実践練習をしておきたかった。

十年ほどもこの大勢キャンプをやっているうちに、全員が贅沢《ぜいたく》な一人用テントをかついできてそれぞれが組み立てることはないんじゃないか、と思うようになっていたのだ。

おれのこういう無目的バカキャンプの歴史は長く、高校生の頃からあちこちに行っていたが、初期の頃のテントはアメ横で買った米軍払い下げの厚いズック地の五〜六人用、というのが標準だった。これは厚くて頑丈だがひとたび雨に濡《ぬ》れると重さは二倍になって二人で運ぶのがやっと。軍隊のキャンプ基地はそんなに移動することはないから濡れたらそのまま太陽で乾かせばよかったのだろう。やがておれが大人になる頃は安くて軽い二〜三人用のビニロンテントがどっと出回り、みんなそれにとびついて今日に至っている。

外国産のものも多いから重さも仕組みもデザインもいろいろで、キャンプ自由の広い海岸などを見ていると、さながら「テント博覧会」のようだ。

そういうのも面白かったが、こう毎月キャンプをしていると、たった一泊なのにテントを組み立てたりそれをたたんだりが面倒くさくなってくる。そこでおれは全員収容のサーカステントみたいなでっかいのをひとつたてたらどうか、というふうに考えるようになっていた。

その最初の実験は去年の沼津キャンプだった。少し前の四万十《しまんと》川キャンプでも、あちこちの河原に転がっている台風にやられた孟宗竹《もうそうちく》を使って、以前カナダ人に教えてもらったカナダインディアンの居住するティピーテントの簡易版を作った。

そこで今度はモンゴル遊牧民の移動テント「ゲル式」のものを作ることにした。ホームセンターで、植木用の植物を支えるあれはなんというのか、プラスチック製で三メートルぐらい、細いのによくしなる棒を三十本ほど買ってそれを強烈粘着テープで三本つなぐと、当然ながら九メートル近い棒ができる。左ページの「図」のようにこれを放射状にして真ん中を縛り、あとはみんなで足を全部持って立たせると大きな鳥籠《とりかご》のようなものができる。

横に補強の棒をまわし、その日偶然拾った鉄製の細いわりには頑丈なテントポール（一本が四十センチぐらいある）をそれぞれの足のそばに打ち込んで止める。足元全部が固定されると、この上にブルーシートをそっくりかけていけばやがて巨大な青い

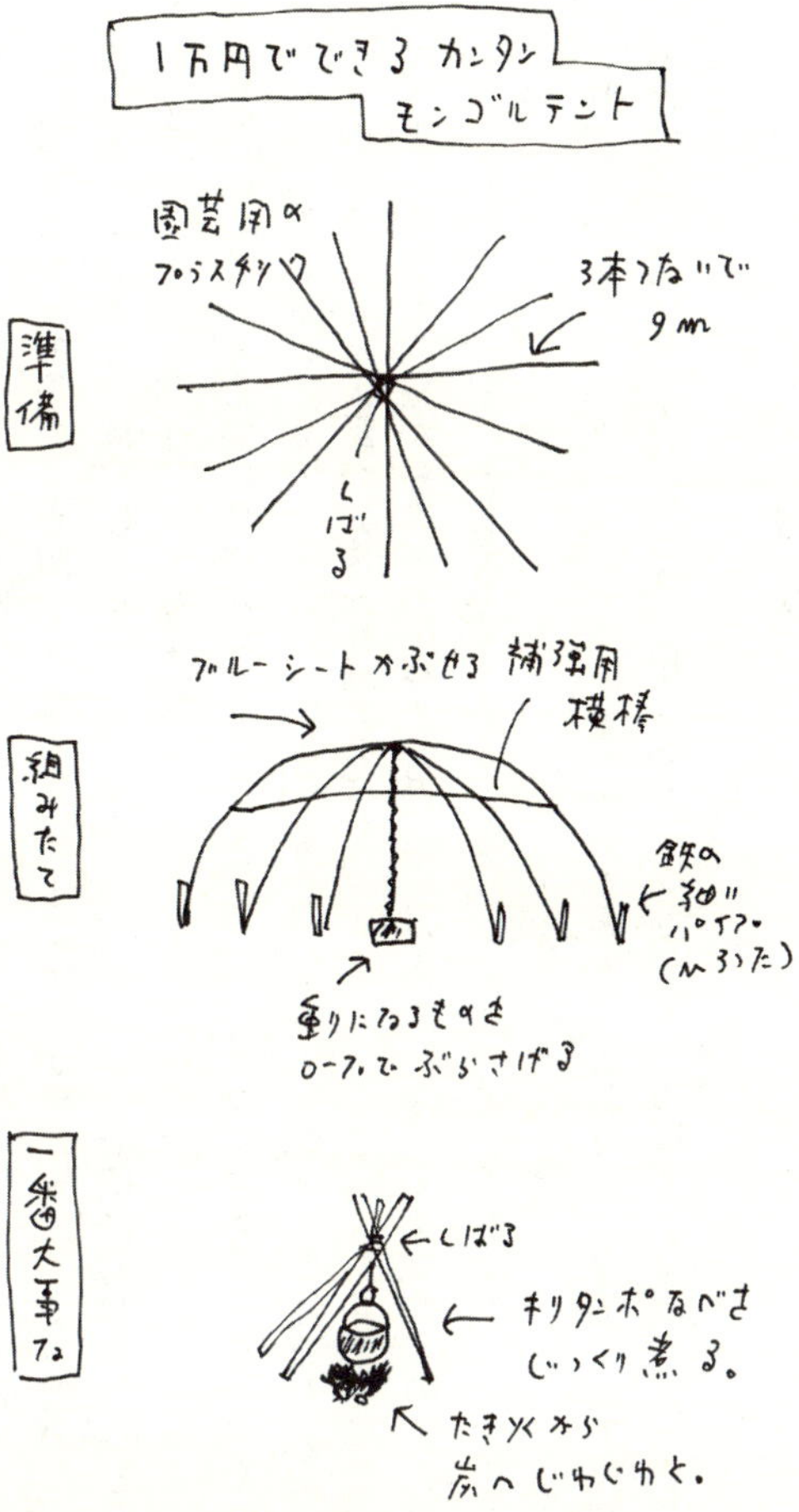

手作りモンゴルテントの図

「かまくら」のようなものができる。

しかしその作業に入ろうとした矢先にいきなりバクダン低気圧の子供みたいのが吹きまくってきて、最後の一番簡単なはずのブルーシートがけがうまくできない。いったんかぶせてしまえば風避《よ》けになりやりやすいのだが、途中で風にあおられるとシートがワラワラ踊ってどうしようもない。

強風が吹いてくる方向に何本かの、船でいえばアンカーロープのようなものをくりつけられればなんとか抑えられそうだが、まだ充分新しいブルーシートに穴をあけたくない。そのとき天野が異才を発揮した。

ブルーシートの内側からこぶし半分ぐらいの石を包み込みテルテル坊主のアタマみたいなのを作る。それを外側からロープでまきつけると、立派な引っ掛かりとして使えるのだった。

これまでわが人生いろんなキャンプをやってきたが、おれはこんなアイデアを初めてみた。「あなたは東大物理学部強風対応キャンプゼミの方ですか」思わず聞いてしまった。

「いえ、いつものただの天野です」

「あのハンバーグ四十個食いの！」

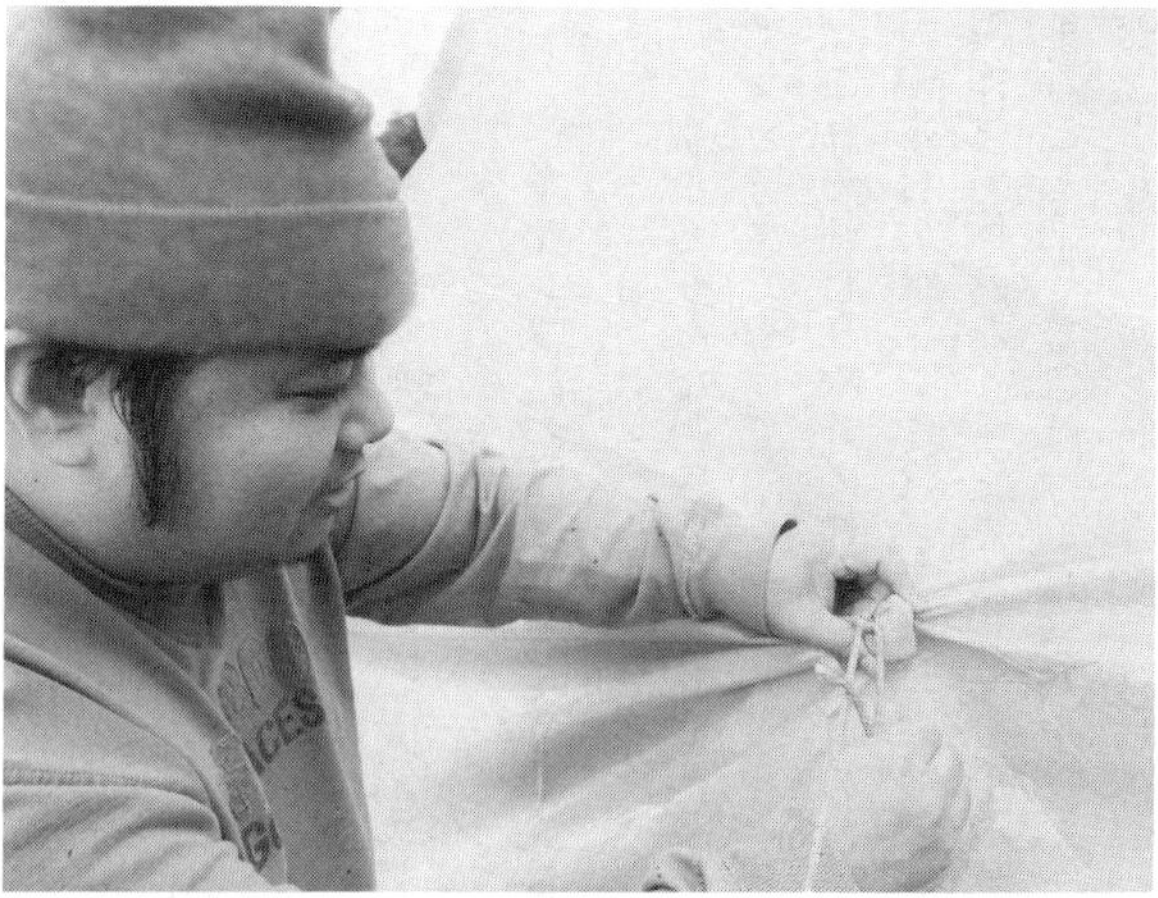

強風で大苦戦したブルーシートがけは天野のアイデアで無事に解決

「ええまあ……」

「とにかく天野えらいぞ。今日は弁当二人分ボーナスだな」

天野の顔がかがやく。可愛《かわい》いやっちゃ。

この十本ぐらいのアンカーロープによって「ゲル型」のブルー「かまくら」は完成したのだった。モンゴルによく行っていた頃、ゲルから見あげるとたいていい青すぎるような空が見えた。我々のそれは全体が青だ。海浜遊牧民としては当然の色だろう。

中ではドレイたちがセッセと深くて大きな焚《た》き火床をこしらえている。この焚き火穴兼イロリのまわりは軽く十人は囲める。焚き火イロリの上に頑丈な丸太三本を三脚状に組んでイロリの鍋《なべ》つるしを作る。

基本はこれで終了。製作時間三十分。巨大ブルーシートは前回の四万十川で使ったものを流用しているから、総工費五千円でおつりがでるくらいだった。これは次にもその次にも使えるから、今後の大人数キャンプでは土地の質や地形によって、この「ゲル型」か「ティピー型」にすればいい。どちらもテントの中で焚き火ができるので、みんなで焚き火を囲みつつ大鍋の料理を囲んでの宴会ができるのだ。

キャンプにむいているキリタンポ

こうしてみんな明るい顔をして待っていると「釣り部」がクーラーいっぱいの走水アジを持ってやってきた。

これを刺し身やその他料理の酒の肴にする。ご苦労様に釣りから帰ったばかりのザコが本日のメーンディッシュ「キリタンポ鍋」の製作にはいる。いやはや仕入れから製作まで休みなくすまんすまん。そのお礼の意味を含めて、その日おれはカツオ一本まるごと乗せてさばける長さ八十センチぐらいの「まな板」を持ってきてザコにプレゼントした。

冬キャンプにおける大鍋のスグレモノ料理に「キリタンポ鍋あり」ということをおれは三十年ぐらい前に東北「白神山地」の「青秋林道阻止活動」のときに学んだ。

今は世界遺産となった聖地のような山の稜線《りょうせん》に、当時秋田から青森まで道路を作ろうというとんでもない計画「青秋林道」の建設が進められていたのだ。高度成長期の頃である。ゼネコンは難しい工事をすればするほど莫大《ばくだい》な儲《もう》けになる、という仕組みを知って全国でいろんなことを仕掛けている頃だった。

この青秋林道は、青森と秋田を道路で直結して経済活性化を推進しよう、というのがお題目だった。しかし名にし負う豪雪の山地である。十一月から雪解けの五月まで山道は使えない。雪解けになっても道は半年雪の下にいるとほうぼうで陥没やら決壊やらの破損事故があり、それらの修理の日数を加えると一年のうち八カ月は使えない道になる。

それでも役人とゼネコンは作ろうとして、市民に知らされたのはもうあらかた決められたあとだった。それを阻止するには、法律には法律でたちむかうしかない。

そこで浮かび上がったのは絶滅危惧《きぐ》種になっているクマゲラ（キツツキの一番大きな種類）の営巣場所「樹木に掘られた巣穴」を発見し、そこで生活している「つがい」の映像を撮ることだった。

おれはそのクマゲラ探索隊に参加し、春夏秋冬の白神山地に登った。冬は完全な冬山登山になるから厳しかった。そのときマタギと出会った。一晩の酒食に招待され、そこでゴチソーされたのが「キリタンポ鍋」なのだった。マタギはもう十日も山にこもっているという。小屋のイロリに吊《つ》るされた大鍋にはウサギの肉でとっただし汁が大量にあり、ゴボウと里から持ってあがってきた大量のキリタンポがあった。

その鍋は火の上に吊るしてから八日間、一度もおろしたことがないという。タレがなくなれば小屋の後ろに雪がたくさんある。ウサギもいっぱいころがっていた。キリタンポはめしになる。おれは雪山の夜に「永年鍋」を発見したのだった。

うめえうめえの夜が更ける

釣れたての大きなアジのさばきは太陽とケンタロウが担当した。太陽は偉大なる初代料理長のリンさんとタコの介直伝のさばき技を自分のものにしているから、転勤していた広島から復帰したのは大きい。その日、新人ドレイの京セラが弟子にならんとくらいついて包丁さばきを習っていた。テント内に掘ったかなり大きな穴に小さな焚き火を作り、それを熾火《おきび》にするようもう一人の新人ドレイのウッチーに命じた。このあいだ加わったばかりの最下層ドレイのウッチーは、アイスランドの旅で見つけてきたものだ。いやアザラシじゃないですよ。かなりドライブテクニックがあり頑丈そうな体、不敵な面がまえをしているので、またどこかで「いさかい」があったときの戦闘要員として目をつけた。

ザコのキリタンポ鍋は順調にいっている。この「日本昔ばなし」に出てくるような鍋は、ケンタロウが浅草の合羽橋《かっぱばし》まで行って、やっと見つけてきた。これがないと本日の鍋は成立しない。

「ケンタロウ、よく見つけた」

みんなが称賛した。二万七千円だったという。この鍋には自在鉤《じざいかぎ》（よく田舎料理のお店でみる大きな魚の彫刻などがついているやつ）がつきもので、店の親父《おやじ》はしきりにすすめたらしい。値段は五万円という。ケンタロウが判断にこまっておれに電話してきた。そんなものいるわけないじゃないか。

用途だけ果たせればいいので、山登りで使うカラビナがおれの家にいっぱいあるからそれで充分だよ、とこたえておいた。ケンタロウもすぐに納得。それにしてもこの大鍋は今後雑魚釣り隊で大いに活躍しそうだ。

アジの刺し身、フライ、なめろう、などがどんどんできてきた。まだ風は強くゲル式テントは全体で膨らんだり縮まったりしているが、どんどんシアワセの空間になっているようだ。ザコがプロの技でアジのつみれを作ってくれて、それが海浜キリタンポ鍋の第一号になった。うめー！

キリタンポ鍋には比内地鶏《ひないじどり》を使うことが多いがなかなか売っているところはなく阿《あ》波尾鶏《わおどり》で代用した。それでもコクのあるいい味になった。ゴボウ、糸コンニャクがいいアクセントをつける。キリタンポそのものはイロリ穴のまわりに刺してゆっくり焼く。

ザコに女の子の赤ちゃんが生まれたので、余計なお世話の名前つけ議論になった。イカ好きのザコにやはりイカ命のコンちゃんが「あおり」なんかどうかと言ったそうだ。「かおり」はありふれているけれど「あおり」は意表をつく。それになんたって「アオリイカ」はうまいですよ。ザコも少し心が動いたそうだ。

「でも、なんていっても『雑子』（＝ザコ）が一番じゃないすか」歳下《としした》ながら一足早くオヤジになったウッチーが言った。風はまだまだ強く、それでも月が出ていた。

ザコ料理長は海仁とともに食料調達。良型のアジをバケツいっぱい釣った

園芸用の棒を繋いで大きさを調整

最後は隊長自ら中央から重りを吊るして完成！

テント内でイロリを囲んで大宴会

天野はキリタンポをたくさんもらってご満悦

房総トウゴロウイワシ騒動

安くて沢山釣れる竿をください

前回もそうだが、冬の関東地方で陸っぱりで何かを期待するのはムボウ、ムチシキ(鞭式《むちしき》じゃなくて無知識)、トウシロウだ。と言いつつ、結局何も懲《こ》りていないわしらは「前回は三浦半島だったが、房総半島に行ったらもう少しなんとかなるんじゃねーのか。もう菜の花もチラホラ咲いているというし……」などという一縷《いちる》の望みを抱いて、南房総市の乙浜《おとはま》に集結したのだった。

最初は地元の釣り具屋さんに行って情報を聞くのが基本である。

「いま何かいますか?」

「まだ水温が低いからねえ。でも小イワシの群れがときどき漁港内に入ってきてるよ。サビキでけっこういけるようだよ」

「小イワシ！　いいじゃないの。カラアゲ、マリネ……」何人かが安易な笑顔。

サビキ釣りをまだ一度もやったことのない最近の新人ドレイがおずおずと聞く。

「サビキってなんですか。ジビキ網みたいなもんですか?」

「いや、網は関係なくてやっぱり釣り竿《ざお》で釣るんだよ。コマセ籠の下にエサをつけないハリをいっぱいつける。ハリにはむかしコンドームの小さな切れっ端をつけていたりした。ヒラヒラさせて魚を誘うんだ」

「雌のサカナですか？」

「お前まじめに聞いてんのか」

親切に教えてやった古株がややおこる。

「すいません。ぼくまだ釣り竿さえ持ってないんですが、どの竿が一番大物釣れるんですか。やっぱり竿はでかいほうがいいんですか」

加藤という名だが、電通に勤めているのでデンちゃんと呼ばれているデンが大きな声で釣り具屋の親父に聞いた。

「いや……でかい竿と言われても」

親父は困った顔になっている。

「じゃあなんでもいいんで安くていっぱい釣れる竿をください」デンが簡単に方針を変える。

「そんなのあったら苦労しねえだろ、おまえバカか！」そばにいた西澤が急にイカル。

まあ大先輩として釣り具屋の親父にこいつが自分らと同じ仲間と知られたら恥ずかしいと思ったのだろう。

「ぼくも安くて釣れる竿あったらください」

デンとおなじ加藤という名なのだが、京セラに勤めているので京ちゃんと呼ばれている京セラがデンに追従している。

「おお、なんや、安くて釣れる竿あるんやったらワシらも買うでえ。遠いところから来てるんや。釣れへんかったら怒るで」

大阪から来た川野やピスタチオが凄《すご》んで言う。なんだか朝からみんなして意味なく因縁をつけに来ているみたいだ。やはり釣り竿のない新人ドレイのウッチーを含めて、彼らは二千円の一番安い竿を買った。ケンタロウは巨大なチューブ入りのコマセをいくつか購入。押せばにゅうっとコマセが出てくるので手を汚さずにすむという。知らないあいだになんだかおかしなものがいろいろできている。

それでも「小イワシが港内にときどき回ってくる」という情報は、水たまりがあれば竿を出す我々には朗報だ。

しかし堤防釣りでは所詮《しょせん》たかが知れているだろう、ということもわかっていたので、今回もあらかじめ我々とは別に「雑魚釣り隊釣り部海兵隊」の三人がそれぞれもっと早い時間に別々の釣り船に乗って遠洋漁業に出ている。ルアー攻めの岡本釣り部部長、ヤリイカ狙《ねら》いのザコ、大アジ狙いのコンちゃんである。残りは漁港の堤防釣りのために散開した。新宿を朝七時半に出て九時にはもうそういう状態になっていたのだから、いまのところまあ文句ない展開だ。

雑魚寝こそわしらの寝方だった

その日はこのところ連続している手製の大テント作りはやめ、シーズンオフでわりあい安く借りられる貸し別荘のようなところをケンタロウが見つけてきたので、そこにみんなで雑魚寝することになった。

おお、いままで気がつかなかったが「雑魚寝」とは我々のためにあるような寝方ではないか。

いい天気だった。風はやはり「のんびり釣り」まではいかない冷たさだが、堤防を風よけにすれば日向《ひなた》のきまま釣り状態にはなれる。

雑魚釣り隊は、けっこう堤防でのサビキ釣りをやっている。群れを作って回遊してくる小アジ、小イワシ、小サバなどが狙い目で、タイミングがあうと十本バリの全部にそういうちっちゃいのがかかってくる。小さいけれど満席状態であがってくるとけっこう重く、嬉《うれ》しく楽しいものだ。これらはカラアゲにしてそのまま食えるから、十人で攻めれば二、三百匹は軽くいくときがある。エサをつけかえる必要もないから、ツボにはまれば楽しい一日になる。

サビキ隊はヒロシ、太陽、天野、川野、ピスタチオ、京セラ、デン、ウッチー、ケンタロウ、それにおれ。土屋仙人は「釣りのどこが面白いの？」という基本思考だから躊躇《ちゅうちょ》なく日溜《ひだ》まりで読書。

陸っぱり隊の部長は西澤である。彼は船釣りがあまり好きではない。船長が水深計や漁群探知機などをみて釣り人たちにタナ（棚―魚のいる深さ）を教える。船に乗っている釣り人は言われるようにやる。

「まるで鵜飼《うか》いの鵜だ」

と言って、西澤は反抗的になる。

船でも陸でもあまり釣れないいし、執念のないおれはどっちでもいいのだが、釣り船はいくら仲のいいチームで行っても必ず釣れた魚の数だの大きさだのの競争になるから、そこで一匹も釣れないと、おれみたいにどうでもいい、と思っている人間でも「非国民」みたいな気分になってきて必要ないのに焦る。だからおれも、どちらかといえば自由に場所や位置を選べる陸っぱりのほうが好きだ。

ただし小イワシといえども釣れれば、なのだが……。みんなで十五分ほど竿を出したが、誰の竿にもピクリともこないのを見て、西澤は仕掛けを変えた。

「ここにゃサカナはいないよ。サビキでも無理だろうね。海鳥がまったく舞っていないだろ。鳥どもは海の中を見ているんだ。魚探は鳥がむかしからやってくれているというわけだな。釣り師は海ばかり見てても駄目なんだよ。おれあ、まあどこか磯の先にでもいって大型のチヌでも狙ってくるよ。あばよ。だけどおれを追ってきちゃあいけねーよ」

無意味にタンカを切って彼は長竿を肩にスタスタと夜霧のむこうに消えていった。いや夜霧はなかったな。まだ十時前だし。

「かあっこーいい……」

最近入ったばかりの新人ドレイの京セラ、ウッチー、デンの三人が口をポカンとあけて見送っている。

食えるか食えないか

それにしても静かな港だった。我々のほかに釣り人はいないし係留されている漁船もない。そういえば西澤が言い残していった海鳥のかげもない。

と、しばらくしてその不穏な静けさを破るように「あのオレ、なんか釣りましたあ」と言ってデンが竿の先に何かぶらさげて立ち上がった。遠目にもたしかにサカナに見える。十センチより大きい。何人かが集まったが何のサカナかわからない。アイナメに似ているのでそのときはアイナメということになったが、あとでアナハゼの仲間と判明。どちらにしても雑魚釣り隊の王道をいく立派な雑魚である。それから十分ぐらいして「こっちもなんか釣れましたあ」と小さな声で京セラが小さな魚を竿の先にぶらさげてきた。七センチぐらいの魚らしい姿をした魚だ。どうもイワシらしい。

「イワシだイワシだ。やった！」

とみんなが騒いでいると、夜霧に消えたはずの西澤がいつのまにか堤防に戻ってきて、「そりゃトウゴロウイワシだよ。んなもの食えねえよ」と冷たく言い放った。

それからまた十分ぐらいして「ぼくの竿になんかかかってるんですが」と言ってウッチーが竿をあげた。それもさっきのと同じトウゴロウイワシだった。

「食えねーんだよ。捨てちゃいな」

西澤はあくまでも冷たい。

そのとき海に出ているザコからの携帯電話が入った。

「おー、こっちは大きいヤリイカが十五杯。けっこういけるよ。そっちはどうだ？」

「えー、アイナメみたいなの一匹とトウゴロウイワシが二匹。食えないそうなので逃がそうと思ってます」

ケンタロウが応答する。

「トウゴロウイワシはカラアゲにすると結構いいサケの肴になるんだよ」

料理長が言うのだから説得力がある。

「えっ、食えるんですか?」

「食える食える。もっといっぱい釣っておいてくれ」

「西澤さん。トウゴロウイワシはカラアゲでうまいそうですよ――」ケンタロウが大声で言う。「食えねーよ。食えねーっての!」

事態はちょっと錯綜《さくそう》してきた。

「だけど西澤さん、チヌはどうしたんですか? どうしてここにいるんですか?」

天野が話を変える。

「磯場は足場が悪くてな。おれの持ってきた装備じゃちょっと無理だったんだよ。しようがないからそこにいるお前らが邪魔だけど堤防でやることにしたんだよ」

「何を狙うんですか?」

「だからチヌだよ」

「それはウキフカセという釣り方で、とても繊細な釣りなんですよ。エサはオキアミ。一本バリで、オモリもガン玉などで微調整。仕掛けを投入したらそこにコマセをセッセとまいて魚を呼ぶんです」

この頃すっかり釣りにはまってひっきりなしに釣りに出ているケンタロウが解説する。

いつのまにかそんな専門的な知識を……。

十五年やって十五分で釣れないサビキに飽《あ》きてしまうおれなどは、口あんぐりの驚きだった。

「だからな、お前ら本当の釣りをやろうとしているおれのような釣り人の邪魔をすんじゃないぞ」西澤、そう言って自分の仕掛けのまわりにコマセをじゃんじゃんまきはじめた。するとトウゴロウイワシがじゃんじゃん集まってくる。

「おっ、獲物が集まってきとるで」

関西勢の川野やピスタチオがそのあたりにサビキの仕掛けをどんどんいれる。ほかの連中も集まってきた。

「こら、ここに集まってくんじゃねーよ。堤防は広いんだからお前らみたいなトウゴロウイワシ野郎はどこか別のところへ行ってやれ」

西澤たちまちイカルが、じゃんじゃん集まってくるトウゴロウイワシにみんな夢中になっている。「こらおまえらここに集まるんじゃねーよ」西澤はさらにイカル。海の中のトウゴロウイワシおよび野次馬だか釣り邪魔人だかわからない連中の両方に言っているのだろう。

しかしそんなふうにして海の中と堤防の上でわあわあやって小一時間、誰にもその小魚が釣れないのだ。もちろん繊細な釣り環境を求める西澤の竿もピクリともしない。そのうちあきらめて、まわりでわあわあやっている雑魚釣り隊の雑魚みたいな連中のために、西澤はコマセをまく係のようになってしまった。

口と態度は悪いが、西澤にはこういうやさしい兄貴分のココロがあるから結構みんなに慕われている。

おれたちが昼飯のホカ弁を食っても魚はエサにちっとも噛《か》みつかず、結局新人ドレイの三人が釣った三匹がその日の我々の釣果という、いかにも雑魚釣り隊らしいというか、情けなくもとにかく一応何か釣ったからいいかというか、まあシロウトにトウゴロウイワシはよく似合う、というか、みんなでそんなことをブツブツ言いながら午後二時には道具をしまって宿に向かったのだった。

大アジが待っていた

宿にはコンちゃんが一足先に来ていた。船釣りはたいてい暗いうちから沖に出ていくので、アガルのも早い。コンちゃんのクーラーボックスには四十センチはあるアジとサバが十五匹ほど。ウロコが銀色に光っていて実に美しい。やがて帰ってくるザコのヤリイカとあわせると、今夜の宴会だけでは食べきれないくらいだ。やはり陸っぱりは船釣りに勝てないのだろうか。

やがて帰ってきたザコがすぐに料理の下ごしらえにはいる。コンちゃんとケンタロウが包丁を握って手際よく刺し身などにしていく。気がつくとケンタロウは魚さばきの腕もあげていたのだ。

ホールではみんなビールやタカラの缶チューハイなどを飲みながらなんとはなしの「オサカナ談義」になっていた。嫌いな魚、というような他愛《たわい》のないテーマだ。でもみんなの個性が出ていて面白かった。

ぜんぜん竿をにぎらないし、もしかすると海さえあまり見ていないんじゃないかと思える謎《なぞ》の知識人・土屋は「仙人」と呼ばれており、すべてに言うことが変わっている。

「魚はあまり好きじゃないねえ。強《し》いて言えば、好きなのはアユかなあ。あとは嫌いなのばっかり。とくにキンメダイの煮つけとかホッケだねえ。どうしてあんなに脂っぽいの？」

「ナイルパーチが最高に嫌だ」というのはつい最近第一子の男の子が生まれてイクメン中のヒロシだ。

「『ダーウィンの悪夢』をみんな観《み》たらいいよ」父親になって環境、生物汚染問題に目覚めてきたようだ。

フナがだめだと言うのが川野。

「おれ痛風で、全身いたるところ痛風なんや。魚は痛風に悪いのばっかりやで」

「魚より肉がいい」と言う天野。

みんなそれならこんな魚釣り集団に加わっていないほうがいいんじゃないか、というような話が続いていた。

そのあいだに行方不明状態になっていた岡本が帰ってきた。クーラーのなかにサバ、イシナギ、マトウダイが入っている。なんと銚子《ちょうし》から四時間も沖に出ていったそうだ。

さっそく岡本の獲物の追加が厨房《ちゅうぼう》に入っていく。ホールでの話は続く。

嫌いというわけではないがトウゴロウイワシに異様なほどこだわる西澤に、その理由を聞いた。彼は三年前に離婚している。

あるときイワシを百匹ぐらい釣って家に帰ったところ、伊豆生まれで西澤より魚にくわしい奥さんから「それ食べられないのよ。そんなことも知らないの」と言われたらしい。で、短気で喧嘩《けんか》っ早い西澤と奥さんのタタカイがそこからはじまり、以来西澤はトウゴロウイワシを見ると今日のような異様な反応をしめすようになったという。

そんな話をしているところにザコが今日釣れたトウゴロウイワシのカラアゲを二匹持ってきた。

早速おれが一匹食ってみた。「おっ、西澤、これ、普通にかなりうまいぞ」

「そんなわけないじゃないですか。んん？　あれ？　うまいなコレ。おれなんで離婚したんだろ？　あれ？」

厨房からさらにいい匂いがただよってくる。なんだかんだあったが、本日もとにかく無事に大宴会方向に進んでいけるようだ。

のんびりした（つまり何も釣れない）時間が続く

最初の一匹を釣ったのはデン。しかし、何の魚か誰もわからない

西澤のコマセに誘われたトウゴロウイワシを狙って、メンバーたちがワラワラと西澤を取り囲む

今晩は貸し別荘で雑魚寝だー！

脂がのったアジの刺し身（左）となめろう(中)。ザコ特製ヤリイカのアヒージョ（上）はアツアツをパンに乗せると最高だ

トウゴロウイワシが意外にうまいことに西澤は戸惑いを隠せない

どこからともなくマグロやカツオがやってきて……

あやしい係留船釣り

まったくこの歳になって「春よ来い」の歌が頭のなかでリフレインしているのはどういうコトだ。

すでに四月だから早春といっていいのだが、今年はいつまでも冬を引きずっているようで、三寒四温らしき季節変わりのサイクルはできつつあるようだが、三寒のときの寒さは真冬並みだ。水温も低く、雑魚釣り隊出発の日も新宿の街は不穏な木枯らしみたいな風が吹いていた。

午前五時集合。若手ドレイたちは荷物の積み込みその他があるので、もっと前に集まって出発の支度をしていた。

今回はケンタロウがどこからともなく聞き入れてきた「係留船釣り」というのをやる。雑魚釣り隊十年の歴史のなかでも初めて聞く言葉だった。

くわしい内容を聞くと簡単、そのまんまのことで、漁港から少し先の沖に係留されている動かない船に瀬渡しのような小船で運んでもらい、その船から竿をたらす、という「なんだそりゃ」という内容のものなのであった。

でもそれだと堤防より少し沖になるから前回のような七センチのトウゴロウイワシが二匹、というような屈辱的な惨敗はないかもしれない。

朝がたの現地からの連絡では今日は凪《なぎ》の海だという。いつも船酔いで苦しみ、荒れている海に出ていく船釣りのときは、いざ出航というときに「かあちゃん！　おら、しぐの（死ぬの）いやだ」と言って、堤防にある係留ロープを巻く鉄塊にしがみつき「おらどうしてもいやだ。どうしても連れていくというならこの両手をマサカリで切っていけ」などと泣きわめく天野やドレイがしらの竹田（通称おかしら）だって、今回は安心して参加できるだろう。

参加者は十二名。遅刻するといつも西澤やおかしらから無意味に大袈裟《おおげさ》にどやされるから、たいていみんな集まってきているが、一人足りない。欠けている奴は声が無意味に大きいので普段もっとも目立つヒロシであった。奴はいつも必ず時間前にはいる。

「ん？　つーことは死んだか」

「急死ということになるな」

「するとまずい。明日は友引だから通夜は今夜になるぞ」

みんな勝手なことを本気で言っている。

ケンタロウが慌ててヒロシの家に電話した。驚くべきことにヒロシ本人が出た。まだ死んではいないということだが、死以上に大きな事情があるのだろう。

「あっ、すいません。子供が今朝になって急に熱をだしてしまってどうしようかと」

ヒロシは男の子が生まれてから大好きなギャンブルからも遠ざかり、世にいうイクメン街道を突っ走っている。

「そうですか。そらしょうがないですね。子供のケリついたらあとから追いかけてきてください」

寛容な判断が下され、我々はじきに三台のクルマに乗り込んで早朝の東名高速道路を突っ走っていった。

バカ本の救済

今回ゲストが一人いる。香山の同級生で、現在アメリカのワシントンＤＣで若手コンサルタントをやっている平石貴寛（タカ）である。

タカはベンチャービジネスに夢を抱きアメリカに渡ったが、まもなく挫折《ざせつ》した。考えが甘かったのだ。おめおめとこのまま日本には帰れない。これはもうどこかのビルから飛び下りるしかない、と覚悟した前の晩に偶然『哀愁の町に霧が降るのだ』という、しょうもないことを書いたぼくの青春小説を読み「あっ、こんなバカな人々も生きていけるんだ」ということに気がつき、いったん日本に帰ってから再挑戦して見事に男一匹ベンチャービジネスを成功させたのだった。

「つまりこの本がぼくの命の恩人なのであります」タカは抱きつかんばかりに感激してぼくの前でそのようなことを言うのだった。

十九歳の頃のろくでもないドシャメシャ青春のことを書いた大バカ本である。しかしこれまでこのようなことが何回かあった。バカ本はときとして若者を救うのだ。

海外ドレイにはもうベテランのマキエイがいるが、タカもアメリカ方面の海外ドレイとして就任した。

「こうなるとわしらはますます国際化の路線に進んでいくことになるな。次に望みたいのはアジアのルートを握っている奴だ。中国人で〝太公望〟とか〝一網打尽〟なんて名前の人が店にきたら捕まえておけよ」

居酒屋店主、名嘉元におれはそう言った。名嘉元の店には雑魚釣り隊を訪ねていろんな人がやってくる。ときおりそのルートでなかなか優れた人材が（魚じゃないけれど）引っかかる。「でもそんな名前の人いますかね。一網さんでしょ？」性格の素直な名嘉元がおれの言うことを素直に信じてそう聞いた。「うーん、あまりいないかもしれないが、まったくいないともかぎらないじゃないか」

「あー。そうすねえ」

必殺の置き竿作戦がある

そんなことを話しているうちに目指す目的地、西伊豆戸田《へだ》の「ちどり丸」という釣り宿に着いた。東京を五時少しすぎに出たのに、西伊豆の漁港はもうだいぶ明るくなっていた。

宿の人との手続きがすむと、ケンタロウが言っていたのとは少し違って、普通の釣り船サイズの船に乗りこんだ。五分ぐらいで目的地に着いたので、天野もおかしらも船に酔う時間もなかった。乗ってきた船はがっちりともやい綱とアンカー綱で固定し、その上ではどんな釣りをしてもいいらしい。操船してきた親父は「はしけ」みたいな小さな船で港へと帰っていった。

今回はサビキ釣りと胴付き仕掛け（オモリを一番下につけるシンプルな仕掛け）の

二つの釣り方で攻める。狙うはアジがメインだが、水温はまだまだ低いから難しいかもしれないと、船宿の親父は言っていた。

今回は岡本、海仁、ザコの「雑魚釣り隊釣り部」が欠席なのでコンちゃんがエースだ。

しかし名嘉元の「必殺置き竿技」というものがある。仕掛けをつけてそこらに竿を置いておき「沖縄流の祈り」をささげておくといつの間にかビクビク竿先が動いていて、あげてみると何かがかかっている、という本人いわく〝名人芸〟である。

あるときは自然にかかった魚が大きすぎて、仕掛けも竿もそのまま海に引きずりこまれそうというときにその様子を発見し、別の竿の仕掛けをそれに引っかけてなんとか回収した（当然獲物のサカナも）、というダブル引っかけなるウルトラ技もみせた。

今回はこの正統派コンちゃんとオカルト派名嘉元を主力に、その他の隊員がなんとか数を頼みにナニカシラ釣ろう、というなさけない方針だった。

祈りが通じたのかさっそく名嘉元が「ほらー釣れたさあ」と言って七センチぐらいの小さなメゴチをピクピクさせた。

「おお。これじゃあまりにも赤ちゃんすぎるが、沖縄の祈りが早くも通じたのか」

一同、なんとなく明るい気持ちになる。赤ちゃんメゴチは「大きくなって帰ってくるんだよ」とリリースしたが、これでこの海にも何かしらの生物がいる、ということがわかったわけだ。すると続いてすぐに「ほら、また釣れたさあ」と言って名嘉元が十五センチぐらいのマダイをあげた。またもや保育園級だが「腐ってもタイ」「小さくてもタイ」だ。

その一方で極端に船酔いが激しい天野が艫《とも》のほうでプッンと無口になってしまっている。さらに、ドレイのおかしらとして地上ではいつもえばっている竹田が「おーい、ケンタロウ。おれはもう十分この係留船釣りを堪能《たんのう》した。陸に帰りたい」と、とんでもないことを言いだした。

「まあな、なんていうかさ、サビキでやるには潮が悪いっていうか、今日は活性が低いっていうか、まあタナの問題もあるよなー。とにかくおれくらいになると今日はもうこれ以上は釣れない、ってことがわかっちゃったんだよ。だからもう堤防に帰って寝るしかないな」

じわじわくるあまりにも安易な船酔いを隠すためか、竹田は知っている釣り用語を全部動員してケンタロウに「早退帰港」を偉そうに懇願した。

竹田が言っていたことはめちゃくちゃではあったが結果からいうと正解なのであった。その日はそのあともうまるで釣れず、予定より二時間も早く引き上げることにな

置き竿作戦成功？　名嘉元がいきなり赤ちゃんメゴチを釣った

った。獲物はなんとか船酔いに折り合いをつけて天野が二十二センチのマダイ。ケンタロウが十センチぐらいのオニカサゴをあげた。オニカサゴはリリースしたが、結局、この日の釣果は名嘉元と天野の保育園級マダイ二匹、ということになったのであった。

前回に続いて、わが雑魚釣り隊にとってこれ以上の惨敗はない、という釣果になったのだが、やはり冬の低温海水は寒い春ではなかなかぬくもらず、まわりを見回しても我々以外誰も釣り人がいないように、釣りのための最低限基本条件が悪すぎた。要するに最終責任は地球にあるってことだ。

ラーメン屋にも見はなされ

結局、そのあとの唯一の楽しみは昼めしのラーメン、ということになった。どういうわけか船釣りでも陸っぱりでも、午前中のタタカイを終えるとむしょうにラーメンが食いたくなる。こういうときはスマホで近隣の「うまいラーメン屋」探索がテキパキ始まる。候補はすぐに見つかった。クルマで五分ぐらい。しかし行ってみると昼どきということもあってか行列ができている。

続いて次の町に入ると「ラーメン○○」という、やや警戒すべき名前の店があった。ドレイが調べてくると客は誰もいないという。それも不気味だが、まあ早く食えるのが一番、ということでそこにどどっと十二人が入った。ところが我々よりも二分あとに五〜六人の家族連れがやって来て、さらに数分遅れて同じくらいのグループがやって来た。

最初見たとき暇そうにしていた親父はにわかにパニック。

「ふふふ。よかったな。ここは人気の繁盛店だったんだよ。サカナはダメだったけれどラーメンはあたったな」

わしらは静かに含み笑う。

で、結論を言おう。この店は作るのが遅く、どの麺《めん》もまずい。それなのになんでこんなに客がいちどきに来たのかわからない。

「ラーメン○○」という店名にもっと警戒すべきだった。よほど自信がないとなかなか言えない名前なんだけどなあ。あとはヤケクソでつける場合があるか。

結局、心身ともに惨敗気分でその日の宿にへたり突入した。西伊豆町の浮島《ふとう》海岸というところにある貸しコテージである。なかなか大きな建物で三十人は泊まれるという。

お好み手巻き寿司にわしらは泣いた

わしらの釣魚をあてにした夜のめしは運次第だ。この十年、思いだしてみると久米島にマグロ釣りに行ったときは当然マグロ三昧《ざんまい》。おれは自分で釣った八キロのメバチマグロを家に送って自分でさばいた。身があつく三枚におろせなくてどうしても八枚ぐらいになってしまった。

カツオばかり釣れたときはテント泊だったが夜中には食いすぎてカツオの「カ」の

字も禁句になった。

サバとかカンパチとか釣れすぎても困ることがあるが、この冬場は奇跡を期待するものの最初の一投で、奇跡関係はすぐに虚空に散ることが続いている。

大人数の合宿では、頼りにならない海なんか捨てて近所のスーパーにどのようなイキのいい魚類が入荷しているか、という方向に思考が移行する。

その日は完璧なる後者で、コテージに着くと落ちつく間もなくすぐに名嘉元とおかしら竹田が買い物に出掛けた。

「魚が釣れなかった日の夜の宴会に肉の選択はないだろう」という合宿管理長おかしらの判断によって「魚中心手巻き寿司」でいこう、ということになった。

二人が見つけてきたのは次のような獲物であった。マグロ刺し身（七さく）、ホタルイカ、ブリ刺し身（大）、玉子焼き（特大三）、サーモン刺し身（三さく）、カツオ酒盗、イカ塩辛、桜エビ、つぼ漬け高菜昆布、イクラ百二十グラム、ネギトロ、イカ刺し身（三さく）、明太子《めんたいこ》、シーチキン（五缶）、かいわれ大根、大葉、納豆、アボカド、梅、カニカマ、ウナギ、キムチ、海苔《のり》、缶ビール九十六本、ウイスキー（二本）など。合計六万三千円。

釣れなかった腹いせにはこのくらいあれば十分だろう。六万三千円はなかなかのものだが十五人合宿（この段階で新たに三人合流して十五人になっていた。しかし彼らは何しにきたのだろうか）だから、ひとりアタマで四千円程度だ。寿司屋《すしや》に行ったら三十万円ぐらい請求されるような気がする。天野一人で五万円は食う。

　ごはんは三升《しょう》炊《た》いて、一升は酢めし。

　手巻きでマグロを食うときはアボカドと一緒（例のカリフォルニア巻き）にすると
　赤身のマグロが本当に高級中トロさらには大トロの風味になる。

　もうごはんが炊けるそばから男たちはむらがった。ビール中心に酒をガボガボ。

　山賊ではなく海賊の宴会もかくや、という状態になっていった。厨房では名嘉元が包丁をにぎり、わきを新人ドレイたちがかためて手助けをする。なんだかお店がひらけそうだ。悔しそうなのは関西からやってきた「全身痛風男」のみっちゃん（川野）だ。

「ああ、イクラは絶対アカン。それはプリン体のかたまりや。あっ納豆も気いつけんとな。なにい？　明太子やと。プリン体結束連合軍や、ああ、わし何も食えへんぞ。熱いゴハンに醤油《しょうゆ》かけでいこか。ああ。でもみんなうまそうやなあ。もうわしひと思いにみんないっぺんに食って、明日全身劇症痛風死になってまおうか」

　うるさい、うるさい。

男たちは酒を飲んでこういうものを食うと、けっこういつまでもいろんなものを食う。

名嘉元はそれを見越して夜食用にと「キムチ鍋」をたっぷり作ってくれた。嬉しそうに天野がキムチドンブリを自作する。

「キムチにカンチューハイよく合いますよ」

「あのね、残ったごはんに、今日の釣り宿からもらった生シラスを厚さ一センチぐらいのせてね、その上にダイコンオロシのせて醤油ぐるり三回り。これうまいよお。誰かに少しこのうまさを味わわせたいけどみんな食われたらたいへんだからなあ」

うるさい、うるさい。

「おれひとりでイクラの軍艦巻四つも作っちゃった。ああ、うまいよお」

「こらあイクラ独り占めするな。パックごと残りをこっちによこせ!」

うるさい、うるさい。

少しでも沖に出れば釣れるかも……。隊員の表情を見れば釣果は一目瞭然

釣れなくたって船上の昼寝は最高だ

「酔うの嫌だから出船直前に飛び降りようぜ」と密談するおかしら竹田と天野

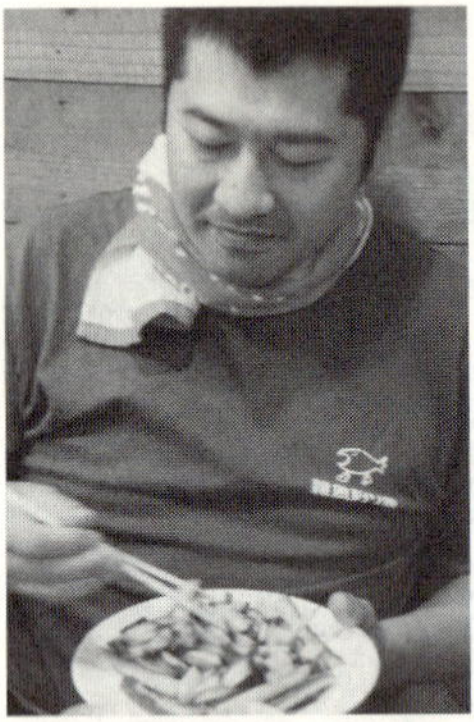

痛風の川野が最初に巻いたのはキュウリだった

手巻き寿司の豪華材料たち。世話人のケンタロウはレシートを見て真っ青に

タコの介、土屋仙人、イクメンヒロシも加わって、さあ大宴会だ！

米子〝岡本浜〟に突撃開始！　やるときはヤレるか？

米子の釣り師は考えた

海にも四季があり、水温の低くなる冬場は、関東あたりの海では魚はみんな水底深くに身をよせあって屈伸運動なんかして体を温めている。したがって陸っぱりではこの頃、五、六センチクラスの「ニボシ」みたいなものしか釣れない。

いくら「雑魚釣り隊」といえども、それではあまりにも情けないいんじゃないのか。我々全体の責任にかかわってくる問題だ。と「雑魚釣り隊釣り部部長」の岡本は考えていた。このままでは釣りを趣味にしている『週刊ポスト』（このシリーズを連載している）の読者から笑い者にされっぱなしだ。

そこで岡本は考えた。彼の郷里は鳥取県米子市である。若い頃に岡本少年が潮風の中を走りまわっては、日本海の有名魚を脅かしまくっていたところだ。

「あの海にいこう。そうだ。日本海の海風がわしらを呼んでいる！」

そこでおれたちは飛行機、夜行バス、キャンプ資材を積んだクルマなどに分乗し、一斉に米子市の美しい海岸にむかった。

海に沿って松の防風林、さらにその近くが自衛隊の演習場。目の前は広い白砂の海岸だ。岡本少年が竿と網を持って走り回ったというから我々は「岡本浜」と名付けた。なるほど「文句ない」。

参加者は幹部クラスはほぼ全員。関西チームやドレイ部隊も主だった顔はそろっていた。アラスカとワシントンからのメンバーもやってきて総勢二十二人。

天候は晴れて落ちついている。

海風そよそよ。

久しぶりの遠征である。まずはテント作りだが、その前にてっとり早くスーパーの弁当で腹を作っておこう、ということになり、そういうときは「食うもの全て命なりけり」などとわけのわからないことをいつも言っている天野が買いに走った。

天野は弁当二十五個（もしかして足りないと困るでしょ）、コロッケ、カラアゲなどをどさっとかかえてきた。値段はなんと八千円。弁当はひとつ二百円程度という驚愕《きょうがく》の安値だった。そのスーパーはとにかく安いと評判らしい。

二日酔い気味のコンちゃんが「なにか怪しいものが入っているに違いない」と言いながら、うどん弁当を手にする。

「こんなときはコロッケうどんがうまいんだよね」

好きなものを手にとってみんなでクルマ座になった。飲みたい奴はビールも自由。

で、全員乾杯！「さあ鳥取のサカナどもよ、待っておれよなあ！」士気はいやます。

まずはブルーシャトー作りだ

それからすぐに天幕作りに入った。この頃、一人個室用のテントは贅沢だ、といきなりおれが叫びだし、現地で適当な材料を捜し巨大な鳥籠のような骨組みを作り、ブルーシートをかぶせて七〜八人用の、かっこよく言えば「鳥取ドーム」のようなものを作りだしていた。我々はそれをブルーシャトーと呼んでいるが。

適当な土地を捜し三班にわかれてまずはそいつを作りはじめた。

自然と質のいい素材を使った大きい「将校用」ドームと、適当な材料を使った「幹部用」ドーム、余った材料を使った「ドレイ用」ドームというふうにグレードの差ができていく。

ドレイ用ドームは骨組みにする材料が足りず、工夫して、いままでの作り方にはなかった「継ぎ足し中央柱つき」という涙の努力をしている。設計はコンちゃんのようだ。

近頃、アメリカやカナダなどから輸入されているひと張り三十万円ぐらいする豪邸

鳥取県米子市の「岡本浜」に雑魚釣り隊が集結！　天気はいいし、弁当は安いし、これはいい遠征になりそうだ

みたいな家族用テントをよく見るが、長期滞在用に作られているので組み立てに三時間ぐらいかかっている。でも忙しい日本人は翌日撤収なんてことをやっているから、アウトドアブームという今、業者に騙《だま》されているんじゃないかなあ、とかねがね思ってきた。

我々の「ドーム」の材料費は三ドーム足しても二万円もしない。おまけにおれたちのドームは雨のときでも中で焚き火ができるのだ。

これは少し前に四万十川遠征のときに竹を使ってカナダインディアン仕様のティピースタイルのものを作って経験済みである。そのとき参加した奴や、その後マリファナ海岸でゲル式のものを作ったときの経験者を、それぞれのドーム製作のリーダー、責任者にした。以下はそいつらの話。

①将校ドーム担当、ドレイの京セラの供述。

「あの～ぼくは頼り無いオトコなので、指示など出す前にアラスカからきたアウトドアのプロであるマキエイさんがどんどん作ってしまったです。今回あたらしく部品として渡された結束バンド（大阪のヤブちゃんが「これモノとモノ繋《つな》げるのにごっつうええで」と言って持ってきた）をまったく信用せず、ほとんど粘着テープでとめました。完成度高いです」

それぞれのテントを隊長が審査も兼ねて撮影。将校ドーム（上）はタンクトップのマキエイが中心となりさすがの出来映え。中堅幹部ドーム（中）はシートの間に隙間をあけて風通しを重視。ドレイドーム（下）は禁断のツナギ竹柱をシートで包み隠してなんとか恰好をつけた

②中堅幹部ドーム担当、ウッチーの話。

「我々のコンセプトは強度と風通しのよさを追求することでした。この前、マリファナ海岸でたてたゲル型テントのときは、中でキリタンポ鍋用の火をおこしたこともあって、今回は煙の効率的排出のために隙間《すきま》を工夫しました。さらに強度をつけるために粘着テープの上にまんべんなく結束バンドをつけましたから磐石《ばんじゃく》です」

③ドレイドーム担当、太陽の話。

「ヤブちゃんの、絶対ええねん、と力説する結束バンドにそこまで信頼を持てなかったので、最初からテープでいきました。とにかく強くてでかいのをと思ったんだけど、ドレイドームに回ってくる資材は中途半端な残りものばかりなので、コンちゃんが掟《おきて》破りの中央ツナギ竹柱というものを作ってしまいハラハラしました。だって東京ドームの真ん中に鉄骨の柱たてたらまずいでしょう。隊長に見られたらすぐ撤去を命じられるのではないかと思い、すばやくブルーシートをかぶせましたが、そのあたりから地面からふきあがってくるような風が強くなり、あおられてけっこうアセリました」

迷走兵器は虚空に消えた

二日間の仮寝の場を完成させると、そろそろ夕方の気配になってきた。そこで夜の宴会の練習をかねてみんなで完成祝いビールを飲んでいると、我々から少し離れたところに京セラがうずくまり何かやっている。奴は最初からキャンプには不釣り合いな気になる金属ケースを持ってきていたのだが、そいつを慎重にあけていた。

そのうちに「あの、ぼくこんなものを持ってきました」と言うのと同時に、ブーン！　と何かの飛行物体を発射させた。それが地上から一気におれの方向に飛んでくる。あと五十センチぐらいで顔にあたるところだった。計算してか操縦間違いか、京セラの飛ばしたものはその頃、にわかに話題になっていたドローンであった。

空中に上がったのはよかったが次第に強くなってきた風によって、たちまちコントロールがきかなくなり、おれの顔の横を通過すると海風に乗ってどんどん上昇。操縦機を持って慌ててあとを追う京セラ。

ドローンは防風林の上のほうにむかって猛スピードで飛んでいき、たちまち見えなくなってしまった。その先は自衛隊の演習場である。立場上常に怪しい飛来物を警戒しているだろう。どうする京セラ。

あっという間の出来事だった。このへんの海岸は過去に拉致《らち》事件があったところで、その手の警戒地域にもなっている。

「自衛隊に捕まってドローンごと北に強制送還されてこい」

西澤が怒鳴る。

そのあたりで気がついたのだが、体が大きくてとにかくいつも一番目立っているドレイ頭《がしら》、通称「おかしら竹田」の姿を見ていないことに気がついた。色黒で基本的に粗雑な連中が二十人以上もあちこち動き回っていると、竹田をすでにどこかで見ているような錯覚がある。彼は先発で一日早くキャンプの基本道具をクルマに積んで当地にやってきているのだ。

「おかしら竹田はどうした?」

よくぞ聞いてくれました、とばかりケンタロウが答える。

「えー、あのヒトはいま文豪になっています。いや文豪のつもりになっています」

なんだか意味がよくわからない。

「締め切りが迫っている原稿があるとか言って、昨夜から近くの皆生《かいけ》温泉に宿泊して原稿を書いているようです」

おかしら竹田はスポーツライターをなりわいにしているフリーランスだから、そういうこともあるだろう。

「でも実際には温泉に何度も入って何度もヒルネしてんじゃないですかねえ」とベンゴシ。

ボタン鍋があらわれた

そんな中で「いてて、いててて」という悲痛な声がする。アフロヘアのザコだ。なんでもここに来る飛行機の中から急に歯が痛くなって、それがどんどんひどくなっている、という。

料理長のザコが歯を痛がっていたら、我々の今夜の夕食にも大きな影響が出る。

「そんなこと我慢してないでさっさと歯医者に行ってこい」

西澤が怒鳴る。

「でも早く料理にかからないとみんな空腹は苦しいでしょう」

「大丈夫」

そのとき岡本が明るい声で嬉しいことを言った。岡本の奥さんの父親（つまり義父）の田貝守さんが、まもなくイノシシの肉をごっそり持ってきてくれて、ボタン鍋を作ってくれることになっているのだという。やれ嬉しや。

そこで心配なくザコはケンタロウと一緒に追加の買い物がてら街に出ていった。

そういうところに「おかしら竹田」が「いやあ、苦労しましたよ」と言ってやっと顔を出した。

「あんた、本当に原稿で苦労していたのか。顔がなんだかテラテラしてるぞ」

土屋仙人がいつもの鋭い観察眼で言う。

「いや、文章というものはなかなかうまく進まないとテラテラするもんなんですよ」

「こら、竹田。土屋さんはむかし小説雑誌の編集長をやっていて、しかも希代の読書家で、お前のようなニセ文豪の行動なんぞそっくりお見通しなんだぞ」

「おれ、ちょっと海岸で流木拾ってきます。昨日ここに来たときから目をつけていた場所があるんですよ」

素早く海岸に去った竹田と入れ代わりに京セラが姿を現した。なんと片手にさっき虚空に消えたドローンを持っている。「何だ、逮捕も強制送還もされなかったのか。バカヤロウ」

西澤怒鳴る。

「あんな松林の中に入ってしまったのに、どうやってそんな小さなものを見つけはったんですか」

スポーツ新聞のカメラマンで阪神を担当しているヨシキ（小海途《こがいと》）が、いかにも関西らしいはんなり言葉で聞いた。彼は雑魚釣り隊では玉三郎と呼ばれている。

「こいつが発信している電波を探っていけば見つけられるです」

「えー？　そんなコトできんのか。なんだかやっぱり怪しい機械なんだな。早いうちに自首してこい」

西澤さらに怒鳴る。

そんな話をしているところに岡本義父が大きな包みを持って現れた。

「それってイノシシですか？」

「はい、そうです。二カ月ぐらい前に鳥取の山で獲《と》れました」

「やったー！」とみんな拍手。

夕方の海浜劇場はいろいろ賑《にぎ》やかだ。

ボタン鍋がその場で作られることになった。太陽をはじめとしてちょっと料理の腕におぼえのあるドレイたちがその手伝いをする。

ケンタロウとザコが帰ってきた。

行くときとちがってザコの顔が少し明るくなっている。

「ちゃんと診《み》てもらえたのか。よかったな」

「ええ。でも最初にさっきの買い物のときに見て覚えていたスーパー近くの歯医者に行くと『今日は満員なのでそこの道をまっすぐ行ったところにもう一軒歯医者があるのでそっちへ行って』と言われました。で、そこに行くと『いま予約でいっぱいなので、そこの道をまっすぐ行って右に曲がったところにも歯医者があるからそこへ行って』と言われ、そこでやっと診てもらいました。米子のヒトはみんな虫歯なんすかねえ」

テント作りについて隊長による熱いレクチャー

イノシシ肉を鍋に投入するヨシキ

岡本の義父・田貝さんが大量の食材を持ってきてくれた

京セラが恭しく取り出したドローンは１分後には林の向こうに飛んでいった

田貝さんが釣ったというアユの一夜干しも最高にうまい！　文豪のふりをしていたおかしら竹田も満足そうだ

大漁！　高級根魚。　やるときはやるけん

おれたちは二十二人ものオヤジ軍団を作って鳥取の無人海岸に行き、弁当を食ってビールを飲んでボタン鍋を食って、夜食にその鍋にうどんをぶち込んで「ああ」とか「うう」とか言って、無為な自家製テントの夜を過ごしていたわけではない。

すべては翌早朝からのため。

鳥取沖でおれたちをいまや遅しと待っている関東ではめったにお目にかかれない何種類かの高級根魚（岩礁などに住み着いている魚。クエとかハタなど）を攻め込むために、じっくり計画的に飲んでいたのである。酔ってオサカナさんの気持ちになり、どう攻めたら「あらあ」とか「あれー」などと釣られてしまうか、ということの心理的研究を重ねていたのである。

申し訳ないくらいの晴天を予感させる黎明《れいめい》、船で攻めていく海上攻撃隊がならんだ。雑魚釣り隊釣り部部長「岡本」を先頭に、沖縄アギジャビヨーの「名嘉元」、半プロの「コンちゃん」、その名もぴったしの「ザコ」、ドレイから昇進したばかりの「太陽」、へべレケ印の「ベンゴシ」、アラスカからきた黒髭《くろひげ》白熊男「マキエイ」、ワシントンＤＣからペンタゴンの秘密資料を持って紛れ込んできた「タカ」、大阪から慢性劇症痛風の痛みとタタカイながらやってきた「三本川のみっちゃん」、同じく大阪組のバズーカの「ヤブちゃん」、船釣りははじめての「ピスタチオ」、ドローン使いの「京セラ」、よろず世話人の「ケンタロウ」、それに「おれ」の十四人だ。

釣り船嫌いの「西澤」は「デン」を子分に陸上攻撃隊を編成し（二人だけど）、アジその他を狙って堤防にむかう。

快晴、凪、南風ぴゅうぴゅう士気高揚

沖釣り隊はそこから七類《しちるい》港にむかい、かなり大型の「海峡」という船に乗った。六時三十分。天候は安定し、海上は凪に近い。今日は根魚のでかいのを第一本命にしているから仕掛けはルアーだ。冬のあいだ関東のしけた海岸でニボシみたいなのをチョビチョビ釣っていた我々は、ひさびさのチャンス到来にその士気はいやが上にも高まっていく。

「いいか、今日は絶対みんなに釣らせるからな。それもめったに見ない、スーパーにも出ないキジハタが本命じゃあ」

ふだん冷静な岡本が今朝はコウフンを隠しきれない。無理もない。故郷の海にニボシ隊をひきつれていま出撃するのだ。

凪模様ではあっても沖に出るとそれなりに向かいの波をどどんと切り裂き、風はぴゅうぴゅう。エンジンばりばり。

その日のおれらの仕掛けはジギングサビキというもので、ジグ（疑似餌《ぎじえ》、重さ百〜百五十グラム）にサビキ仕掛けをつけるものだった。根魚だから最初に六十メートル前後の海底までジグをストンと落とし、それから底をトントン跳ねさせながらサビキを踊らせるようにしてしゃくる（誘う）という、わりあい質のいい騙しの仕組みだ。

レクチャーは三十秒でおわり、船はまず最初のポイントに五十分でついた。

いまや遅し、とばかり全員が仕掛けを海底まで落とす。それからピョンピョンだ。

いつものことだがこの第一投時、不思議と全員が沈黙する。そのココロは精神を集中させて、まず最初の一匹目を！　と狙っているからだ。

「ウギャ」とヘンテコな声を出してその最初の一匹を釣りあげたのは、アメリカから来ているドレイのタカだった。やっぱりペンタゴンから来ただけはある。周囲のものが悔しそうに囁《ささや》く。しかしタカのそばにいた者の証言によると、船釣り初挑戦のタカは「アタリ」にまったく気がつかず、船長が「巻いて……」（イトを巻いて、という意。場所を移すのだ）と言ったときに巻いてみたら竿の先に魚がついていた、というなんともなさけない状況だったらしい。しかし獲物はカサゴ。堂々たるカサゴである。

船は移動し、次のポイントでいきなりおれの竿がしなった。ゆっくりあわせる。けっこう重い。ちゃんと無事に魚があがってこいよ。ネコの死体とか捨て網のかたまりとかじゃなくてな。祈るようにゆっくり巻き上げていったら、おお。本命のキジハタだ。

関西では「アコウ」などと呼ばれているが、ここ山陰では「アカミズ」。昨日市場で見たらカニやマグロよりもずっと高い値段がついていたのでおれにはとうてい無理、と思っていたのだが、この無欲が勝利したのだ。

おれはいつも一匹、本命を釣ればも

隊長がいいサイズの本命高級魚キジハタをあげた

ういいや、という気分になり、どこか船の隅に行ってビールなど飲んでいるのだが、その日は続いてカサゴを二匹あげてしまった。そこでもう満足。

ふだんあまり釣れないおれが釣ってしまったため船の中は不思議な興奮が走ったようで、それからあちこちでカサゴがあがりはじめた。マハタもまじっている。

やがて慢性痛風の「みっちゃん」が「ふぎゃあ」などという声を出した。痛い手で必死にリールを巻いている。ミチイトの先にかなり大きなマハタがついているのが見えてきた。タモがないとあがらないくらいだ。

「ああ。わしに釣れてしもうたわ。ああ痛々。いたた。でも嬉しいわ。痛風も喜べ。大型高級魚やで。でもああ痛々……」

一時間もすると船の上の殆《ほとん》どの隊員が何匹か釣っていた。もう大型クーラーのひとつは満杯だ。しかし、ひとりだけまだ一匹も釣れていないのがいることが判明した。

関西三人組のひとり「ピスタチオ」だ。さっき隣の「痛風みっちゃん」が大きいのを釣り上げるのを見て「ええなあ。早くあんなん釣りたいなあ」と呟《つぶや》いているのが聞こえていた。でもいっこうに「ピスタチオ」の竿は動かない。その隣にケンタロウが行って彼の竿をよく見ると、わずかに竿の先がピクピクしていたという。

「ピスさん。それなにか掛かってますよ」

ピスタチオが釣ったアジは人差し指サイズ。「それでもめっちゃ嬉しいわ〜」

「ほんまかいな。何も掛かってない気がするんやけど」

それでもまあ試しにリールを巻いていくと、ちゃんと掛かっていた。アジのようだが、どうしたらこんなに小さなアジにハリが呑《の》めるのだ？　と首を傾《かし》げたくなるくらいのチビアジおちょぼ口なのだった。しかしこれで本日の「ボウズ」（何も釣れないこと）は誰もいなくなった。

それでもなんとか「ピスタチオ」にも大きな魚を釣ってもらおうと、彼の釣り座を船長のすぐそばに変えた。さっそく仕掛けを海底で跳ねさせる。

「そうそう。いいかんじやで。そうやって誘えばアタリがでるから」と船長。

「わかりました。こんなかんじですね」

「ほら！　アタリやで。さあ、あわせて！」

「えっ、あわせる？」

「はよ、あわせて。あたってるんや」

「あの、あわせって何でっか？」

船長ガックン。えらい連中を乗せたもんだと思ったに違いない。しかしピスタチオにとってはこれも貴重な体験だった。彼はやがて「アタリ」と「アワセ」を習得し、隣の「痛風みっちゃん」に「釣りはな。アタリとアワセやで」などと教えているのだった。

もうとまらない高級根魚の釣り放題

もうひとりの関西勢「ヤブちゃん」は釣りのコツをちゃんとわかっているようでコンスタントにあげている。

この段階で我々全員の釣果は、キジハタ十四匹、マハタ十五匹、カサゴ四十四匹、オキメバル二匹、ソイ、レンコダイ各一匹。合計七十三匹。クーラーふたつがいっぱいになっていた。

ところが肝心なヒトの獲物が実はまだカサゴ一匹、ということに誰かが気づいた。岡本釣り部部長である。彼は舳先《へさき》の一番高いところで最初からかなり大きなジグを振り回し遠投していた。仕掛けからいっても根魚を狙っているわけではないとわかる。岡本は久しぶりに雑魚釣り隊みんながそこそこの釣果をあげたのを見て安心している顔だ。自分の海に連れてきてシケタ結果しかなかったとしたら、彼は責任上必死になって根魚を狙っていただろう。

「部長！　何やってんですか」

「青魚の大物だよ。このあたりけっこうヒラマサとかハマチなんかが回遊してくるから、おれはそっちを狙っている。底魚はもう十分だろう」

岡本のジギング好きはハンパではない。東京湾でも、殆ど見込みなしというような海にむかって一日中ジギング竿を振り回していることがよくあった。ましてやここは彼の故郷の海だ。

「それで何かアタリはあったんですか？」

ケンタロウが聞く。

「うーん。一度だけかな。なにかがカスった。でも、おれはそれでいいんだ。めあてのものが掛からなくてもおれは今日それで十分なんだよ。いい天気だし、気持ちいいしねえ。ほら見ろよ。青い空、白い雲。そのうちなんとかなるだろうよ」

岡本はどこかで聞いたことがあるようなことを言って、さらに鋭い音をたてて竿振り回し、遠くに大きなジグを投げた。

三匹のコブタみたいなテント崩壊騒動

本当に久々の大漁だった。ふたつの満杯の大きなクーラーボックスを持ってキャンプ地に戻る。陸釣り隊の西澤とデンが待っていた。あとの者はビールを飲んでウゴーウゴーとイビキをかいている。

「陸っぱり隊はどうだった？」

「いやあ、山陰の海は魚影が濃いねえ。堤防からアジの入れ食いだよ。ただお前らが大漁だという電話を聞いて、お前らに花持たせてやろうと思っておれたちが大量に釣ったアジは〝もっと大きくなって帰ってこいよ〟とみんなリリースしたんだ。フトッパラに全部逃がしてやったよ。なあデン」西澤が言う。

「ええ。えと、そうでしたっけ。えとリリースって何をでしたっけ？」

「バカヤロウ。あの大量のアジに決まってるだろう。お前はもう忘れたのか」西澤はデンの頭を叩《たた》いて怒る。

「あ、えとそうでした。そうでしたね。釣っては捨て、釣っては捨てて……忙しかったですねえ」

「捨ててじゃないだろう。あれは放流というんだよ。バカヤロウ」

ベースキャンプでは事件がおきていた。

おれたちのブルーシートのでっかい手製ゲル型テントが半分がた崩壊していたのだ。昼に強い風が吹いたらしい。三つあるうちのもっともゴーカな将校ゲルは半分ほど惨《みじ》めにひしゃげている。中堅幹部用のゲルの被害がもっともひどい。意外なのは余った材料で作ったドレイテントが殆ど被害がなかったことだった。調べてみるとコンちゃんが密《ひそ》かに持ち込んだオキテ破りの「中央継ぎ足し柱」が唯一風に対抗しうる強度を保っていたらしい。

三匹のコブタの家作りを彷彿《ほうふつ》とさせるが、こういう試練をへて、我々のデカテント作りの技術は着々と能力を高めていくことになるのだろう。半崩壊の他のふたつのゲルテントも骨格がフレキシブルだから、十五分もあればもとの形に復活した。

海浜村に笑いがやってきた

その「強かった」ドレイテントのなかで岡本義父が蕎麦《そば》打ちをしていた。一部始終を見ていたのが百二十五キロ「天野」だった。

我々のところにきていかに手際よく、いかにうまそうな蕎麦が作られているか、ということを報告しつつ、クーラーボックスの大漁の獲物を見て、これを刺し身や煮つけにしたらいいかにうまいか、ということを熱く語るのだった。

ずっとむかしの、江戸時代よりももっと前の海浜に点在した集落でも、魚とりや蕎麦打ちなどが行われ、天野みたいなのが「今日は何が食えるかな。あっ、きっとサカナとソバだ。ねえおじちゃんたち、今日はサカナとソバが食えるよね」などと目をキラキラさせて大声で叫び、走り回っていたのに違いない。

魚はあまりにも多いので、我々が食えるぶんだけ除いて、残った大量の獲物はすぐに氷詰めにしてゲルテントの日陰に置いた。明朝新宿方面に帰るクルマにのせて名嘉元の経営する新宿の居酒屋「海森」にそっくり持っていくことになっている。こういう根魚は二日ぐらいおいたほうが旨味《うまみ》が増す、というからちょうどいいのだ。じき

ど「鳥取直送！　鯛よりうまい高級根魚各種あります」な
どという文字が躍ることだろう。

浜にはドレイたちによって豊富に流木が集められ、小山を築いている。村は今夜、
大漁を祝う火まつりが行われるのだ。

夕方の斜光を浴びながら、西澤ら数人が輪になってビール飲みつつなにやら紛争し
ている。近寄ってみると紛争ではなく、今朝からちょっと機嫌の悪い西澤がドレイの
タカを相手になにかいちゃもんをつけているのだった。

「あのよう。おめえワシントンＤＣから来たというけど、先月も来てたよなあ。その
中間の日も新宿で見た、という証言があるんだ。おめえ本当は岐阜県あたりに密かに
住んでるんじゃねーか」

タカは聞こえないふりをしているのか、昨夜の残りのアユの干物を肴にビールを飲
んでいる。

「ああ、うまいなあ。長良川のアユを思いだします」

「ほらみろ、こいつ長良川とか言いだしたぞ。やっぱり国内に住んでいるんだ。それ
でやっぱりおまえは岐阜に潜んでいるんだろう。決まりやな」

「違いますよ。ぼくは飛驒《ひだ》高山も下呂《げろ》温泉もサルボボも知りませんよ。飛驒牛も五七

どら焼きも食べたことありません」

「あっ、おまえ何でそんなに詳しいんだ」

こういう会話が続いたあと、タカは本当はアメリカ人で、スパイとなってペンタゴンから日本のディープゾーンへ潜入し調査している可能性もある、という説になっていった。しかし潜入調査といっても何を調査しているんだ、という疑問は解明されないままだ。

その後ろのほうでバズーカの「ヤブちゃん」がブタンガスを使った火炎放射器みたいな凄いやつで「ブワーッ」と流木の山に火をつけている。

食材豊富な焚き火宴会までの、緩さと興奮のまじったしあわせな時間がながれている。

釣り部部長岡本の故郷の海は優しかった。久しぶりの大漁だ！

竿も仕掛けも全部用意してくれた岡本部長。「みんなが釣れてよかった！」

一匹目はタカが釣ったというかハリについていた

陸っぱり部隊の西澤とデンはアジを狙って出陣

強風でひしゃげた中堅幹部テント

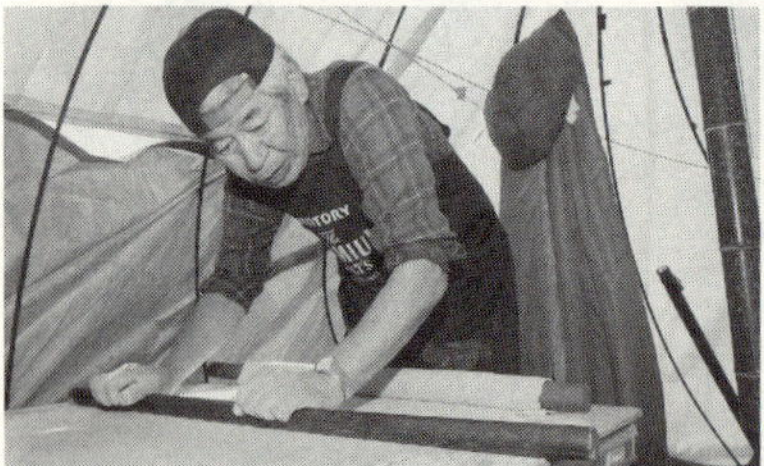

岡本義父が打ってくれた蕎麦はツユにアユの出汁が入っていて最高に美味！

房総のイサキと小イワシを釣りまくる

魚は梅雨に気がつかない

この話が載る頃は、もうまったくの真夏で、毎日そんなに朝早くから出なくてもいい太陽が「オハヨー！　今日もわしがんばるけん、日本人全員汗ダラになって渇き死ぬように」などと言って、ピカピカ光線を世の中に照りつけているような気がするが、今はまだヘンに生真面目《きまじめ》な連日ダラダラ梅雨の日々だ。

こんな日は家でクーラーをドライにし、降りしきる雨を「ウルセー」と言って見て見ぬふりをしていればいいのだが、全員バカのわしらはまた海にむかって隊列を組んで熱心にクルマを走らせているのだった。

理由は、今年はまことに本格的な梅雨で水びたしになっているが、もともと海の中にいるサカナはそんなことには気がつかず、なんか最近海の水が増えて塩味が薄くなっているみたい、わし薄味は好みじゃないけん。なんていう程度の反応で毎日刺激を求めて暮らしている筈《はず》だという推察のもと、本当のところはサカナに聞いてみないとわからないが、まあそういうことは釣り竿を出してみればわかることだ、ということっちもサカナ並みの思考によるものだった。

今回は十三人。めざす釣り場所は千葉県南房総の那古船形《なこふなかた》港である。

いつものように新宿三丁目に早朝六時に集まり、点呼して十分後に出発した。遅刻が一人いた。新人ドレイの一人で入隊以来一度も休まず参加している熱心な奴だった。ところが何度も携帯電話に連絡しても出ないという。「こりゃあ死んだな」ということになり、問題なく出発したのだった。

おれは前の晩にまったく寝ていなかったので、三丁目まで赤トラックを運転していったが、すぐに若手の橋口太陽とショカツに運転をまかせて後部座席に倒れ、一分後には眠っていた。しかし五分もしないうちに「到着です」と起こされた。新宿を出てからもう七十分たっていると二人は言うがそんなことはない。まだ絶対五分しかたっていない、とおれは言ったのだが、目の前の風景は新宿ではなく、たしかに海と堤防だけだった。これはアインシュタインの特殊相対性理論がどこかで作用しているらしい、とおれは確信した。

まだ寝たりないおれは世話人のケンタロウに「ここじゃ近すぎるから急遽《きゅうきょ》釣り場を三浦半島に変更しないか」などとけっこう真剣に提案したのだが、最近のケンタロウはいろいろ事前情報収集とその準備と手配おこたりなく、「今回は同じ南房総で『船釣り隊』と『陸っぱり隊』の二班にわけており、すでに船釣り隊は出港してますから、そう簡単には変更できません」と、信じられないくらい理路整然としたことを言うので、おれはびっくりしてちょっと目をさましてしまった。

船組は「イサキ」狙いで、雑魚釣り隊「釣り部」の海仁、コン、ザコ。それにドレイの童夢とベンゴシが乗っているという。海仁、コン、ザコといったら今回のメンバーでは一番実績があるから、かならず何か釣ってくれるだろう。

でもまだ眠たいおれは「それならおれらは今夜の宴会の獲物はやつらにまかせてクルマの中でオイチョカブでもやって半分眠っていようじゃないか」と、自分でも信じられないくらいの団欒《だんらん》計画を申し述べたのだが、バカとはいえ海を前にしたらとりあえず竿を出し、何か釣れたら皆でヨロコビの拍手をするのが礼儀ではないですか、などと再び信じられないくらい正しい「青年の主張」みたいなことをケンタロウが言うので、小雨の中、我々はその堤防周辺でごくろう様にも竿を出したのであった。

近くの釣り具屋の情報では「昨日まではチョイ投げでシロギスが釣れていたけれど、昨夜のどしゃぶりの雨ですっかりいなくなってしまったねえ」と言う。そうか、オサカナさんもどしゃぶりの雨には影響されるのだ。それにしてもおれたちはこれまでこういうコトを何度聞かされてきただろうか。

「昨日までカツオがじゃんじゃんいましたが、今朝からいきなり一匹もいなくなりました」とか「夕べまでヤリイカの入れ食いでしたが一時間前に全員どっかへ行きました」というやつだ。

「この一カ月何もいませんでしたが、今朝からメバチマグロの大群が回ってきてそりゃあもう凄いありさまで」

なんて話は一度も聞いたことがない。

小イワシが乱舞しているらしい

でも堤防には地元の人らしい何組かの先客釣り人が竿を出しているので、おれたちも真似をすることにした。

彼らのバケツのなかを覗《のぞ》かせてもらうと、サビキによる小イワシ狙いだとわかった。十〜十五センチぐらいの可愛い奴で、これなら数を釣ってカラアゲにすればビールにあう恰好《かっこう》の肴だ。

今回釣りには参加しないが夜の宴会だけには参加する、という図々しいのが五人ほどいるというので、このサイズだと最低三百尾はあげておきたいとケンタロウは言う。

「えー、みなさんの本日のノルマです。一人最低三十尾、できれば五十尾を考慮して下さい」と奴はふれ回っている。

考慮、というのがヘンだ。頭のなかで考えていればいい、というわけか。では考慮しよう、とみんな思えばいいわけだ。

「考慮しつつ竿を出してください」

察したのかケンタロウは追い打ちをかけるようにそう言った。ふーん。ケンタロウは我々と付き合うようになって三年。かなり成長している。

船に乗っていった海仁がおれが一番はじめに使っていた細くてパイプ式のフリダシ竿を用意してくれていて、ケンタロウがそれにサビキの仕掛けを作っておいてくれた。

仕掛けの一番上になにやら派手な七色に色づけされたコマセ袋があり、サビキの疑似餌も色とりどりのデコレーションつきだ。全体にパチンコ屋のイメージだが、こういうのを好むサカナが最近増えているのだろうか。

関西から毎月必ずやってくるヤブ、川野、ピスタチオの三人組は本当に釣り好きで、もうサッサと竿を出している。そのほかの関東組もみんなそれぞれの釣り座をきめて竿を出しはじめている。

ありがたいことに雨はその頃からやんできて、なにやら薄日がさしはじめている。おれは肝心の釣りの成果はそのときによっていろいろだが、八十パーセントぐらいの確率で「天候をよくする」という不思議な、しかし大事な超能力がある。

小イワシの群れは港内を回っているようで、やがてみんなの竿にかかりはじめた。二匹、三匹とつらなって釣れるひさしぶりの「イッカ（一荷）」の連続だ。シコイワシ（＝カタクチイワシ）が多いようだがいずれもカラアゲ、テンプラサイズ。カキアゲにしてうどんの上にのせていますぐ食いたいなあ。朝から何も食っていなかったしなあ。などと思いながら竿先を見ていると、いきなりクイクイという反応だ。

竿をあげてみるとそれまでとちがって大きなマイワシだった。そうなるといきなり真剣になる。みんなで力をあわせ根気よくやればいろいろとりまぜて一時間で百尾の水揚げはかたいだろう、という希望が見えてきた。

そこにいきなりハアハア言って走り込んできたのが今朝遅刻して死んだらしいと言われていた最下位ドレイの京セラだった。片手にもう仕掛けのできている竿を握っている。電車で来たらしい。電車の中で釣り仕掛けの用意をしていたのだろうか。

鵜飼いの鵜みたいだといって船釣りが嫌いな西澤の姿が見えない。彼は堤防釣りとなると得意のウキフカセでメジナやクロダイを狙ってあちこち一人で移動していることが多い。

さらにいつもヒトとは違ったことをやりたがるヒロシは「ぼくはイワシなんて小物

には興味ないからヒラメかマゴチを狙います」などと言いながら、みんなが釣ったばかりの小イワシを生き餌にして遠投している。でもすぐに餌だけとられるから奴が遠投すると我々の獲物の貯金がどんどん減っていく。ひどい奴だ。これで奴が何も釣れなかったらどうオトシマエをつけるつもりなのだろうか。

海は荒れていた

さてもう一方の「船釣り隊」、海仁、コンちゃん、ザコ、ベンゴシ、童夢は早朝五時に本隊の拠点から少し離れた館山《たてやま》・洲崎《すのさき》港から出港していた。

前日までシケ模様で釣り船はまったく出ていなかったが今朝になってなんとか荒れ模様も回復しつつあり、激しく揺れながらも沖に出ていったようだ。

このチームの童夢は雑魚釣り隊の最古参ドレイとしてこの十年、何度も参加しているがあまり明確に「釣れた」記憶がないらしい。

「方針が間違っていたんだな」

と釣り雑誌で長いこと仕事しているコンちゃんは言う。

たとえば童夢は仕事先の先輩とマダイを釣りに行ったという。これは非常に難易度の高いシロモノなので当然ながら何も釣れず、これではいけないとコンちゃんに相談したらしい。コンちゃんはバカでも釣れると言われているあるサカナをレッスン用に選んだのだが、その日はシケで船が出ず、バカか否かの判断ができなかったという。そのあと童夢は東京湾のアジ釣りに挑んだがボウズだった。だから雑魚釣り隊十年にして、その日が先輩たちのアドバイスと何かしらのご加護を得てはじめてなんとかなるかもしれない、という悲願達成のかかる日でもあった。

その祈りに似た思いが通じたのか、やがて魚群探知機にイサキの影が見えてきた。しかしタナ（サカナのいる水深）に仕掛けを落としても、船が荒波に翻弄《ほんろう》されているのと流れが速いのとですぐにポイントがズレてしまう。さらにイサキは結構神経過敏なサカナらしく、水温が二度程度変わってくるとまったく食わなくなるらしい。しかも沖に出ると風が強くなり船はさらに翻弄されていった。水流が速いとすぐにタナがズレてしまう。彼らはこれの調整に苦労し「もしかすると船釣り隊惨敗」という悪い空気が船内を走っていたらしい。

そんななかでベンゴシがいきなりカタのいいイサキを釣り上げた。続いて海仁、ザコがあげる。しかし風と波はさらに荒くなっていった。

バカ殿様釣りはいいのう

その頃、おれたち堤防釣り組はけっこういいペースでチビイワシを釣りまくっていた。

しかしこのところ不眠症気味で寝不足のおれは竿を出していてもどうも眠たい。竿を持ったまま堤防から海に落ちていくのもナンだから、キャンプなどでよく使う簡易組み立て椅子を貸してもらってそれに座って釣ることにした。

でも小イワシは港内を群れで回遊しているから、やつらがくるとすぐに釣れてしまう。そのたびに竿をあげ、魚をはずし、コマセカゴにあたらしいコマセを入れなければならない。竿の長さは大体五メートル。堤防にあげて竿を横たわらせると、そのあたりにコマセのカタマリがあり、そこにショカツがいた。ショカツはいいやつで「ぼくがやっときます」と言って魚をはずし、コマセカゴに新しいコマセを入れてくれる。おれは座ったままで魚がかかると竿を横に振ればあとは自動的に魚のとりこみとコマセ補充がなされるようになったのだ。オートマチック簡易省力釣り状態。まったくもってバカ殿様の釣りそのものになってきた。ショカツを三太夫《さんだゆう》と呼ぶことにした。

梅雨の間隙を突いて出撃！　陸でも海でも大奮闘

小イワシの群れがどこかほかの場所に回遊して行ってしまうと、次に回ってくるまでヒマになるからまたついつい眠くなる。でもそれが気持ちいい。時々ビールを飲む。時々強いヒキがあり、あげてみるとコノシロだったりメジナだったりして、三太夫、釣りは楽しいのう。むはははなのだ。

こんな怠惰《たいだ》なバカジジイ釣りでも結果的には小イワシは五十尾ぐらいあがっていた。そのくらいやると飽きてくる。我ながらまったく困ったじいさんだなあ、と思いながらうつらうつらしていた。

その頃、沖に出ている船釣り隊

は、荒れる波と強い風のなかで苦戦しながらもなんとかイサキを釣りあげていた。二十〜三十センチの良型である。時々メジナやタカベがかかってくる。三時間ほどすると海仁とザコがそれぞれ二十尾、童夢は記念すべき十五尾。ベンゴシも十五尾。おれと同じ寝不足で途中リタイヤしていたコンちゃんが十尾。

合計八十尾。これだけあれば、その夜新宿でやる宴会には十分だろう、というハナシになった。堤防のおれたちは合計二百九十尾ぐらいの小イワシをあげていた。

そして堤防で大物を狙っている西澤は三センチぐらいのハオコゼを、ヒロシはただもうエサをとられ続けていた。

振り出しに戻って居酒屋宴会

いったん家に帰りシャワーなどあびてサッパリした。それから新宿のおれたちの居酒屋アジト「海森」に行った。今日海に来られなかった五人ほどの雑魚釣り隊仲間がすでに来ており、全員で二十人ぐらいの顔ぶれになっている。

我々の釣果が、この居酒屋のあるじ、名嘉元やその弟子たちによってすでにいろんな料理になってテーブル狭しと並んでいる。

イサキの刺し身がうまそうだ。あの小イワシたちがカラアゲになって並んでいる。イサキのハラワタを出さずにそのまま焼いたものがある。新鮮なイサキはそういう焼き方をしたほうがワタのアブラやコクが全身に回ってひときわうまいそうだ。釣りだけでなく釣魚料理をいろいろ知っているコンちゃんが指導したらしい。なるほど、言われたとおり食ってみると味が深い。でもってどれも生ビールにあう。キャンプのときと違って大きな皿にウックシク盛られているのでなんだかすっかり贅沢な宴会だ。

次の釣り場所が発表された。八丈島だ。

おれたちはいままで三回この島を攻めたが三回とも惨敗だった。島ではシーズンになるとカンパチやヒラマサなど大物狙いの本格的な釣り師がいっぱいやってくる。おれたちは三回もチャレンジしてムロアジ一匹、というヒトには言えないオンボロ釣果だった。ムロアジは足がはやい（走っているわけじゃないのね）のでほとんどクサヤにされるが、新鮮なのは刺し身にしても焼いてもうまい。さて四回目の挑戦はどうなるだろうか。

みんな大満足の釣果で、宴会は日が変わっても当然終わらない

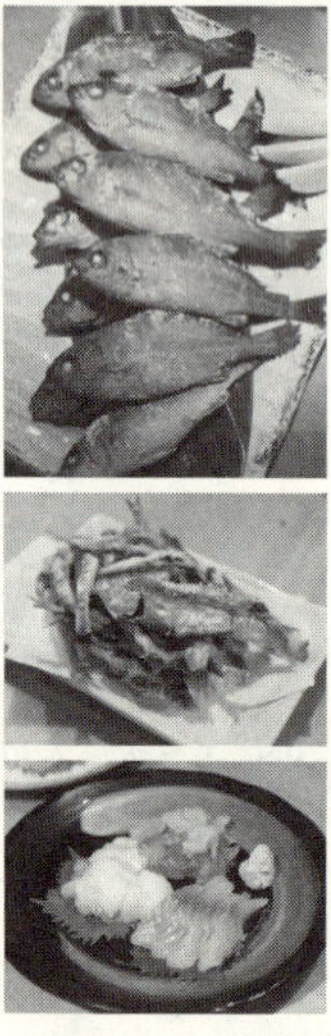

イサキの丸焼き（上）、小イワシのカラアゲ（中）、イサキとメジナの刺し身（下）、釣りたての魚はどれもうまい！

童夢（手前）は、イサキを釣って感動のあまり泣きそうになる

青ヶ島　フライパン島漂流記

雑魚釣り隊の悲願のひとつに伊豆七島の完全制覇がある。東京都にあんなにいい島がズラッと並んでいるのに、人々はあまり関心を持たない。もったいない。地中海やタヒチなんかよりも伊豆諸島のほうがよほど美しく、おいしいのに。

おれたちは大島、新島、式根島、三宅島、八丈島、八丈小島と上陸してきた。しかしそうして何年にもわたって島を攻めているうちに、島のいろいろな顔を知り、時と場合によっては堤防からでかいサバを四十本も釣りあげたり、二十人で攻めても獲物はニボシ級のなんとか魚らしきもの一匹、ということもあった。

それでもまだ上陸していない島に行きたい。南の島にはどんな夢が、どんな巨大雑魚がおれたちを待っているかわからない、という甘美なるユーワクが、いつもおれたちのバカザコ頭のまわりをとりまいていたのである。

東京都のかくれ島

「青ヶ島」のユーワクはできるだけ口にしないようにしていた。伊豆諸島はおろか、その先の小笠原《おがさわら》諸島よりもこの島は謎にみちた「秘島」である。行けば、いや

「行けたら」陸からメーター級の大魚が釣れる。しかし行ったらなかなか帰れない。などと「龍宮城」のようなコトを言う人がよくいたからである。

長い梅雨のあいだおれたちはろくな釣りをしていなかった。したがって海浜キャンプ、海浜焚き火の宴《うたげ》もしばらくご無沙汰《ぶさた》だった。

夏のおわりの台風のご機嫌をうかがいつつ、台風がどこかに上陸する前におれたちのほうが先に「さッ」と上陸してしまおう、というノルマンディもびっくりの台風相手の上陸作戦が計画されたのであった。

メンバーは西澤、コン、海仁、太陽、天野、京セラ、太田トクヤ、それにおれの八人。七月の中頃である。その数日前、台風九号、十号、十一号がミッドウェイ諸島のあたりから日本の南海方向にむけてズラッと並んで次々に北上してきていた。

青ヶ島に行くにはいったん東京から約三百キロ南の八丈島に行き、そこから一日一便出ている小さな連絡船「あおがしま丸」に乗ってさらに七十キロ南下していく。この連絡船が無事に島に着ける就航率は五十〜六十パーセントという。そして我々が作戦開始したときは、すでに二週間も連絡船がとまったままであった。台風の狭間《はざま》を狙

ってオレたちはとにかく二週間ぶりに出航したあおがしま丸に這いのぼることができたのだ。「やった！」とにかく連絡船に乗れた！

来るなら来てみろ

よく晴れた空のむこうにめざす島が見えてきた。話に聞くように絶海の孤島を絵に描いたような、いかにも無骨、異様かつ威容な、でっかい岩の塊のような様相だ。南の島といえども、椰子《やし》のはえる白砂海岸に半裸の女がフラダンスを踊っているような気配は微塵《みじん》もない。むしろモロに敵意を剝《む》き出しにした「来るなら来てみろ！」と鬼の仮面をつけたオババが包丁踊りをしているようなイメージだ。

おれたちは沈黙し、実のところやや怯《おび》えていた。想像を絶する孤高の島。人が住み、やわらかい息づかいをしている気配は海から接近していくときから微塵もない。あくまでも「来るなら来てみろ」なのだ。

実際、連絡船が着船する桟橋も決して友好的ではない。台風の影響を受けた波が桟橋を洗い、通常の感覚では船は接岸しないレベルになっている。慣れている専門の連絡船ならではの微妙な根性技なのだろう。

うねりが桟橋を覆う。ときどき巨大なオ
バケ波がくるという決死の接岸作業だ

今回の旅の前におれは信頼する八丈島の漁師、山下和秀から聞いていた。三十年以上のつきあいの度胸と腕のあるホンモノの海の男だ。その和秀が言っていた。

「シーナさん。海で怖いのは波や風じゃないんだよ。台風がらみの〝うねり〟をおれたちは一番恐れるんだ」

台風の荒波や強風はそれほど問題ない。それとはべつに台風が発生したあたりからやってくる「うねり」が怖いんだという。大きなタンカーなんかがいとも簡単に転覆してしまうのは、みんなこの「うねり」にやられてしまうからだ。

島に近づくにつれてなるほど「うねり」をじかに感じはじめた。それまではさして海が荒れているとは思わなかったけれど、島に近づくにつれてうねりが三宝港《さんぽう》をじかに襲っているのが見てとれる。

港のまわりは高さ二百メートルの切り立った岩壁が要塞のようにたちはだかっている。あおがしま丸は上下、左右複雑に傾きつつ、じわじわと三宝港の桟橋に横向きに接近していく。船はイヤイヤをするように左右ナナメに船体を傾げている。通常はこのあたりで接岸を諦《あきら》め、八丈島に戻っていくという。しかし二週間ぶりの連絡船なのだ。不足してきた島人の食料や医薬品などが求められている。

大きく揺れながら連絡船はさらに確実に桟橋に近づいていった。一度などは船体が殆どナナメになったようだった。これまで世界のずいぶんいろんな港にいろんな船で着岸してきたが、こんな悪条件で微妙な神経とずぶとさをもって桟橋に着けていく船に乗ったのは初めてだった。

太いもやい綱が船の舳先と艫から繰り出され岸壁に固定される。それでも人間の降りるタラップは桟橋にいる十人ぐらいの人が左右から押さえていても三メートルぐらい左右にゆさぶられる。

なんとかそこを降りて「ああ、よかった。とにかく上陸できた」と呟いたとき、そばにいた島の人が「あんた何を言っている。この島は帰りの船に乗り込めたときに、初めてああよかったと言えるんだよ」と言った。

おれたちの予想もできなかった島探訪がはじまった。

地下の熱が噴き出している

青ヶ島は二重カルデラの火山島だ。いまは噴煙こそあげていないが、まだ島のすぐ下にはマントルとかマグマなどといった地下の巨大凶悪なエネルギーが隙をうかがってうごめいているようで、島にひとつだけあるキャンプ可能地に行くと、地層のいろんなところから湯気が噴き出ていた。温泉街にきたようだ。

しかしこれは地熱で熱せられた水、つまり水蒸気であった。この島は太古に海底から持ちあがって海面に出てきた火山島であり、もしざっと百キロあまり離れて空中と水中を横から見ることができたら、海の中からせりあがった海底のてっぺんだけがちょっと海面に出ている海の中の「山」ということがよくわかるだろう。

そのために島の周囲は切り立った屛風《びょうぶ》のような壁（外輪山）が丸く囲み、全体をクレーターのような地形にしている。そしてその中にもうひとつ小さなクレーターがあって、それはなんとなくガスコンロの丸い火口に似ている。

島の多くの人々はこの二重クレーターから離れた標高二百五十メートルのわずかな

「台地」部分に住んでいる。人口百七十人。

大凸部《おおとんぶ》という島の外壁の一番高いところ（四百二十三メートル）まで登って見下ろすと、この島は巨大な二重クレーターとその付け根によってできているフライパン型をしている、ということがわかった。おれたちはクレーターの底のあたりにテントを張った。近くには噴き出る熱い水蒸気を利用した「ひんぎゃの塩」工場がある。「ひんぎゃ」とは「火の際」が語源のようで地熱蒸気の噴気孔のことであった。

ひとりの女性が五十度の高温のなかで海水から塩を抽出する厳しい仕事をしていた。最初はある男性がこの仕事に就いたが、あまりに厳しい労働のために一日で辞めてしまったそうだ。ここで作っている塩を少しもらう。ちょっとなめてみると味が奥ふかく、どんな食べ物でもあいそうだ。

その近くにこの熱い蒸気を利用した「蒸し釜」があったので、太田や太陽が島に一軒だけあるよろずやスーパーでじゃがいも、タマネギ、トウモロコシ、タマゴを買ってきてこの釜で蒸した。これらはすぐに蒸しあがり、蒸しタマゴなどにさっきもらった「ひんぎゃの塩」をふりかけて食うとこれがまことにうまい。みんな競いあうようにしてむさぼり食った。

おれたちは流民ではないのか

ところでこのように書いていくと、雑魚釣り隊の遠征記録であるにもかかわらず「海」も「サカナ」もまったく出てこない。

第一、そのキャンプ場はまわりを二百～四百メートルの屏風のような岩山に囲まれていて、海がまったく見えないのだ。

この島をぐるりと回っているときにぼくは南西諸島にある北大東島をしきりに思いだしていた。南大東島も北大東島も、太古、海底から隆起してできた島である。ぼくが行った十年ほど前は島には港というものがなく、船は高さ三十メートルぐらいの崖の上にあるクレーンで船ごと持ちあげられ、波にさらわれない陸に置かれていた。この青ヶ島も漁船などはクレーンで持ちあげられ、山の中腹あたりの安全な場所に置かれていた。

当初我々もこのクレーンで吊りさげられる船に乗って港に着水し、沖に出て釣りをする予定だったのだが、海は我々が上陸した翌日から再び荒れはじめ、漁船はいっさい出ず、陸からの釣りも禁止されていたのだった。そのため巨大魚を狙ってやってきたおれたちは何もやることがなくなってしまった。暇ばかりになり、ヒルネするか蒸しタマゴを食うかぐらいの日々になってしまったのである。

絶海の孤島といってもまわりは切り立った城壁のような高い岩山にぐるりと囲まれたようなところにテントを張っているのだから、晴れると本当にでっかいフライパンの底にいるようなもので、しかもご丁寧に例の「ひんぎゃ」のおおもとである熱いマグマがはるか下のほうで、実際のところいつ噴出（つまりは噴火である）してもおかしくない状況で今も常に煮えたぎっている。

天明五年（一七八五年）にここが大噴火し、当時住んでいた島民全員二百人あまりが粗末な小舟で八丈島に逃げた。しかし全員が無事八丈島に到達できたわけではなく、転覆や漂流などの二次災害に見舞われてのことであったらしい。

島をくわしく知る人にそんな話を聞くと、丸く囲まれた要塞のようなクレーターがそのすさまじい噴火のスケールをあらわにしている。相変わらず巨大フライパンは太陽と地熱によって熱せられている。頑丈なぐるりの岩の屏風によって海の風は殆ど入ってこない。

一度抜けたはずの台風のどれか（いっぱいつながってきていたので情報の途絶したそこではもうどの台風なのかよくわからん）が方向を転換してまたこっちのほうにむ

かってきているらしい。

島の集落（フライパンの把手部分《とって》）に何か食うものを、と買い物に行った者がぐったりするような情報を持ちかえった。あおがしま丸はあのときおれたちとわずかな積み荷を降ろすのが精一杯で、すぐにまた八丈島に戻っていってしまったらしい。そしてもしかするとまた一週間は欠航になるかもしれないと。

大凸部から見た青ヶ島。周囲は切り立った岩山に囲まれており巨大なフライパンを思わせる地形をしている。正に「秘島」である

「なんかコレ、どう考えてもおれたち絶海の孤島に漂着して、島の監獄にほうりこまれた、というような状況になってねえか？」

西澤がモロに不吉顔で言う。彼はかなり手のこんだ雑誌の副編集長をやっており、明後日ぐらいには東京に帰らないとどうやらえらいことになるらしい。

「確か島の海を見たのは連絡船からこの島に上陸したときの十分間ぐらいでしたよね」

ナショナルジオグラフィック日本版ＷＥＢサイトのやはり編集をやっている海仁も、明後日は東京に戻らないとたいへんヤバイことになるらしい。

巨大魚を狙える、という釣り人なら誰しも心から望んでいる夢を求めてやってきた者がフライパンの底でひたすらじわじわ蒸されている、という目下の状況をどうやら全員がわかってきたらしい。

島から出られない、という閉塞《へいそく》感も、広い海を前にして釣り竿を振り回せる、という暇つぶし状況になっていれば、まだなんとか気持ちもまぎれるというものだろう。だが天野も京セラも何時脱出できるかわからない、という目下の状況は双方仕事休暇のリミットが迫りつつあるから困惑顔だ。

こういうとき新宿の居酒屋経営者、太田トクヤは五つの店舗で沢山の人を使っているからいろいろヒトへの気配り目配りがある。

キャンプ場にある水道は過不足なく水が出るのだが、所詮は孤島である。取水地の問題があるのか飲み水にはならない。

そこで太田は水道の蛇口にゴムホースをくくりつけ、器用にタープ（日避けの大型テント）の一方の端にそれを持っていって臨時のシャワーを作った。天と地に熱せられたフライパンのどん底生活を送っている我々に、それはなによりのシアワセ装置になった。

コンちゃんが気をきかせ、そこから三十分ぐらい細い山道を行ったところにあるよろずやスーパーで缶ビールにクラッシャーアイスをクーラーボックスにぎっしり詰めて持ってきた。我々のためにお店の人がクラッシャーアイスをたくさんくれたらしいのだ。その頃からいろいろよくわかってきたのだが、この島の人々はみんな驚くほど親切であり、人情のある対応をしてくれる。

孤島では住んでいる人みんなが助けあわないと生きていけないし、このような島にきて閉じ込められた人を何人も見ているから、自然に優しい対応になるのだろう。

瞬間的な離脱チャンス

それから数日、いろいろなことがあった。港を高みから見下ろすところにモニターカメラがあり、二十四時間桟橋の様子を映している。相変わらず大波が桟橋を洗っている光景ばかりだ。でもこのモニターのおかげで港まで海の様子を見に行かなくてもいい。さらに現代の漂流者が恵まれているのは携帯電話で、東京をはじめ各地と連絡がとれることだ。

とくに八丈島の漁師、山下和秀と、この島の役場の（名を聞いとかなかった）親切な二人に我々は感謝したい。明日なら台風のうねりにそれほど影響されない僅《わず》かな隙がある、ということを見抜いて連絡船がこの島にギリギリやってこられる、ということを指摘してくれたのだ。出航の決断をしてくれた伊豆諸島開発にも感謝したい。積み残したままになっている島人のための荷物もギリギリ降ろせるチャンスだ。

その日、激しく揺れながらやってくるあおがしま丸を港で我々が迎える立場になっていた。どうかきっぱり接岸してもらいたい。

到着するときと、帰りのときだけしか、この島のまわりの紺碧《こんぺき》の海を見ることはできなかったが、もうそれだけで十分だった。その船でやってきた勇気ある観光客が数人いて「よかったあ」と言って手に手をとって喜んでいる。

「あのねえ、よかったあ、と思うのは帰りの連絡船に乗れたときなんだよ」

ぼくはその嬉しそうな観光客に笑いながらおしえてやった。ぼくは全身真っ黒に日焼けしていたからヘンな島の人、と思ったことだろう。連絡船は、その翌日からまた長い欠航となったらしい。

なんとか笑顔で上陸したが……

熱い蒸気を利用した地
熱釜に野菜などを投入

海が一切見えないテント
村でコンがカレーを作る

やっと脱出できた島を背にシアワセを噛みしめる隊長と太田

やっぱり肴はあぶったイカだ

暁の出撃、待ってろよイカども

新宿三丁目のおれたちのアジトである居酒屋前から明け方の三時という、ヤルキに満ちているのかヤケクソなのかわからない時間に二台のクルマは出発した。

この時間なら家から七分ぐらいでその待ち合わせ場所に行けるので、寝不足のおれはほぼ眠りながらトラックを運転していき、待っていたドレイ頭の竹田と運転交代。後部座席に行ってほぼ一分で本格眠りに入った。

したがって目的地に着くまで二台のクルマに誰がどう乗っているのか知らないままだ。でもコンとザコがいるのは確かである。

コンの別名はイカコンで、イカ釣りが大好きで大好きでいっそ自分がイカになってしまいたいくらいだ、と日頃から言っている。自分がイカになってなにがどういいのかわからないが「十本足になって誰かに絡まるとどういう気持ちになるのか知りたいの」などと言うから、まあ間違いなくヘンタイだ。そのイカコンに追随してイカ釣り好きなのが近頃メキメキイカ釣りの腕をあげている雑魚釣り隊料理長のザコである。

「イカの船釣りいいっすね。釣ったらすぐにさばいて船の上で干す沖干しがいいっすね。二時間程度干しておけばちょうど食い頃。キャンプ地に戻ったら炙《あぶ》ってマヨネーズと七味トウガラシで食うとたまらないっすよ。炙るのも軽くですね。サケの肴に最高。肴は炙ったイカでいいって有名じゃないっすか」

行く数日前にザコは居酒屋でそんなことを何度も言っていた。

「目標100パイ！」

そのときイカコンが叫んだ。ビール100杯飲むのじゃなくて、読者は知っていると思うがイカはそのフクロ状の形からイッパイ、ニハイと数える。イカ徳利は何時《いつ》だれが考えたかわからないが、かなり頭のいい発明品だ。あれで熱燗《あつかん》を何杯かやっているうちに徳利に酒がしみ込んできて、最後はその徳利を肴に食ってしまう。タコにはできない繊細高等技である。

一時間半で三浦半島にあるおれたちの秘密基地タクワン浜に着いた。タクワン浜というのはおれたちが名付けたので地図には載っていない。新宿以外のところから出発した連中もいて、ここでほぼ全員が顔を合わせた。

驚いたのはアメリカのワシントンDCに住んでいるタカと大阪の三本川の顔があったことだ。タカの出席率は立川にいるタコの介よりいい。もっともタカは本当は岐阜に住んでいるらしい、という噂もある。でもニューヨークで会ったという奴も大勢いるから、最近はタカ秘密の双子説も出ている。

三本川の本名は川野だが、自分の名前を説明するとき「三本川の川に野原の野で川野いいますわ」といつも自己紹介するため、やがて三本川のほうが通りがよくなってしまった。重度の全身三×八＝二十四箇所の痛風もちで、大柄の三本川の痛風があちこち発症しているときの歩く姿はフランケンシュタインに似ている。今回は軽い、というがすでに三箇所発症しているらしい。

「わしも大阪から夜行バスに乗ってやってきたくらいやからイカ釣りやってみたいんやけど、あれって体力いるっていうやんか。わしの痛風いま三箇所やから、イカが針にかかっても船の上まであげられるかどうか。もし二杯も同時にかかってしまったら、わしのほうが海に持っていかれてやつらに炙られてしまうのも辛《つら》いから、キャンプ地で留守番してますわ」

三本川のほかにドレイの京セラも留守番になった。

イカコンのイカ笑い

長井港から仕立て（貸し切り）の春盛丸に乗り込んだのはイカコン、ザコ、海仁、ヒロシ、タカ、竹田、ドウム、ケンタロウ、それにおれの九人だった。一人十二、三杯あげれば目標達成。

目的地にむかうあいだに春盛丸の船長が「今日は釣れるよ。昨日まではちょっとダメだったけれど、雨が降ったあとだから十分いけるよ」と、驚くべきことを言った。おれたちのこれまでの釣りといったら「昨日までは大漁だったけどなあ」とか「一時間前に急に海水温度がさがってサカナはみんな隣の県にいっちゃった」なんていうのばかりだったのだ。

それを聞いてイカコンがイカ笑いをしている。「イカカカカカ」

早朝からこれ以上ないと思われる凪だった。やがて朝もやが消えて太陽がゆっくり顔を出してくる。やはり夏の早朝の釣り船はいい。

イカ釣りの仕掛けは独特で、およそ直径五センチ長さ八十センチぐらいのプラスチックパイプが五から八本ぐらい横に並んでいるものをそばに置く。ちょっとしたロケットランチャーみたいだが、ここにプラヅノと呼ぶピカピカ光った細長い疑似餌を一本ずついれる（今回は十八センチのを使った）。普通は五本ぐらいの疑似餌をつけるのだが、このようにしないとたちまちおまつり騒ぎ（疑似餌とミチイトなんかがあっちこっちで絡まってこんがらがってどうしようもなくなる）がおきることになる。

海仁、ザコなどのエース級は「直結」という高等仕掛けをつかっているが、おれにはその仕組みはどうもわからないので「ブランコ」という仕掛けをつかう。「今日は本気出す」と言っているイカコンも「直結」だが、疑似餌をなんと十六本もつけている。ロケットランチャーも十六本のパイプだからもう戦争状態だ。出てこい中国船団。

そのような準備をしているうちに船は最初のポイントに着いた。

いまや遅し、と待ち構えていた全員がロケットランチャー作動。パイプから次々に疑似餌が飛び出していくのを見ているだけで楽しい。「イカどもをいっぱいだまくらかしてごっそり連れてこいよ」

タナは七十メートル。船長は魚探を見ているからそのあたりに狙いの獲物がかたまっているのを知っている。でも反応はなくタナはだんだん百メートル、百二十メートルと深くなっていく。電動リールだからいいが、この深さでかなり重い仕掛けを手巻きであげていくのではそうそう長続きしそうもない。

最初からどんどん釣り上げていたのがザコだった。スルメイカはときおり釣り人の手元まであげられてくると「クヌヤロ！」などと言いながら海水を吹きつける。ものによっては七十センチぐらいの射程距離だ。海水を吹きつけられても釣れたら嬉しいから何発でもおいで、という気持ちになる。

それに対して、十六連発の疑似餌をつけたミサイル駆逐艦みたいなイカコンは、どうしたわけかあまり元気がない。

「あれ？　おかしいな。アレ？」なんて声が聞こえる。このままではイカ釣り王の冠はザコにうつり王座交代。イカザコと呼ばれることにもなりそうだ。イカザコってなんだ？

コンちゃんは沖釣りの専門誌『つり丸』の編集部に長くいて、これまで数知れぬほど釣りの現場でいろんなサカナとたたかっている。『つり丸』の編集部員は海で実践取材しているのだが、人によって獲物の好みが決まってくるようで、やがてコンちゃんの「おとくいさん」はイカになった。だからこれまでおれもコンちゃんに何度かイカ釣りに連れていってもらった。ヤリイカ（相模《さがみ》湾）、アオリイカ（式根島）、スミイカ（内房）などが記憶にある。まだ体験はしていないが他にもカミナリイカ、ムラサキイカ、タルイカなどなど、ひとくちでイカといってもいろんな種類がある。さらに釣り方も微妙に違うというから、凝りだすと「イカさん命」になってしまうのだろう。かつてこのコンちゃんが釣ったヤリイカで作ってくれた「イカユッケ」は、雑魚釣り隊キャンプ料理のなかでも抜群のうまさだった。

竹田の英語検定

話は前後するが、ドレイ頭の竹田は夏前からフィリピンへ英語留学していた。このイカ釣り直前に帰国したので、いつもの新宿居酒屋で修学帰国祝いというのをコンちゃんらがやってくれたらしい。
「ところでおめー、どのくらい流暢《りゅうちょう》に英語喋《しゃべ》れるようになったんだ」
みんなが早速懐疑的質問をする。
コン「おい竹田スルメイカって英語でなんてんだ?」
竹田「……スクイッド」
ケンタロウ「それはイカ全般だろ」
コン「ヤリイカは?」
竹田「あの……えと、スクイッド」
ケンタロウ「雑魚は?」
竹田「スモールフィッシュでいいんじゃないすか」
何時になく竹田の声がか細い。

コン「いいんじゃないすかって、おめー英語勉強してきたんだろう。じゃマグロはビッグフィッシュか！」

竹田「あのですね。ぼくは語学校に入ったのであって、魚《ぎょ》学校に留学してたんじゃないんですよ！　語感似てますけど」

竹田ついにキレル。

その竹田は春盛丸での長い沈黙のあと、ついになにかを針にかけた。あげてみるとイカのゲソだけだった。船長が「サメだな。上げてくる途中にくわれたんだ」と言う。竹田はゲソだけでも健気《けなげ》に干していた。すでにみんなもそれなりの釣果があり四十杯ぐらいが干されている。

船上でのイカのさばきはイカコンがみんなに指導していた。まず漏斗《ろうと》（イカが吸い込んだ海水を吐きだす管のようなところ）にハサミかナイフをいれ、真っ二つにする。内臓、目、クチバシなどを取り除いたあとのひらべったくなったやつを、洗濯物のフキンみたいにして紐《ひも》にぶらさげ竹串《たけぐし》でおさえて沖干しの完成だ。

おれにも強いヒキがきた。三杯ついていた。釣り業界ではこれを「イッカ」という。だいたいおれはどんな釣魚旅でも目的のものをあげるとそれで満足してしまい、あとはビールを飲みながら隊員たちを眺めている。

そこでみよし（舳先のあたり）でぼおっとしていると、なんだかまわりに小さいものがぶんぶん飛んでいる。ほぼ同時に船内の隊員らが騒ぎだしていた。なぜだかわからないけれどミツバチの大群がいきなり襲ってきたのだ。ミツバチだから刺されてもそんなに恐ろしくないが、これがスズメバチなんかだと命がけだ。海に飛び込む、という手があるが海中ではサメが笑って待っている。ハチはどういうわけかおれのいる舳先のあたりに集中しているようだ。竹田の声がする。

「おれたちは後部のほうに逃げて息を潜めていよう。まことに申し訳ないが、ここは隊長の責務としてあの人にハチ全部引き受けてもらおう。こらハチども舳先のほうに行け。あっちの水は甘いぞ」

めちゃくちゃなことを言っている。

タクワン浜に堂々帰還

ハチから逃げるために船長に風にむかってスピードをあげてほしい、と頼んだ。しかしけっこうしぶとい海賊バチで、風よけを捜してついてくる賢いのもいる。集団で東京湾を渡ろうとしていて、我々の船がちょうどいい一休みの場所になったのかもし

隊長はいいサイズのスルメを三杯同時がけ

れない。一番多い数に囲まれたのはおれだったがどこも刺されず、悪だくみの竹田とドウムが刺された。

ハチ騒動のあいだにもう昼近くなっていたので帰還することにした。漁港においてあるクルマでまたタクワン浜へ。三本川と京セラはきっちりタープを組み立て、炊事道具や備品なども効率よく置いてあった。

ザコがすぐに昼飯の支度をはじめる。イカ釣りはザコが竿頭（一番釣った者）で、イカコンは十六弾連発装置も不発だった。イカのほかに小ぶりのサバが三本釣れていた。

ザコはこのところ暑い日の定番料理になりつつある「夏野菜ザクザク死に辛そば」を作っていた。キュウリ、トマト、ナスを細かく切り、隠し味としてこの時期地元で旬の生シラス。ラー油の決め技がさえるこの大量のヒー辛死に辛そばが食い放題状態となって出てきた。全員無口になってむさぼり食う。そばをラー油で食う、というのは中国の四川省で実際におれが食ってきてそのあまりの「辛いけどうまい、うまいけど辛い」に感動し、雑魚釣り隊に持ち込んできたものだ。

辛さに対抗するためにはガチ冷えのビール以外にない。

ごくごくやっているうちにいつしか自然に昼宴会になっていったのだった。

しばらくこないうちにタクワン浜はあちこち様子が変わっていて、道沿いに大きな波よけの「土嚢《どのう》」が長い距離つながって置かれている。そんな上のほうまで波や潮がくるとしたらおれたちのキャンプ場も水没する。いままで一度もそんなことはなかったのに何だろう？　とみんな首を傾げてもわからない過剰防備ぶりだった。

ドレイたちが夜の焚き火の流木捜しに散開する。おれはこの日のために家でつかわなくなった家具などをトラックの荷台に積んできていた。

この浜も年々少しずつ様相を変えている。最近では週末になるとけっこうキャンパーで賑わうようになっているらしい。流木が見つかりにくくなった原因かもしれないが、そもそも流木焚き火を流行《はや》らせているのはどうやらおれたちらしいから問題だ。

なんとか広範囲に分散して捜してその夜の焚き火のための流木も集まり、ザコ料理長は夜の宴会の支度をはじめていた。沖干しのイカがちょうどいい具合になってきたらしい。この日のメニューは、

「特製イワシのツミレ鍋」

「スルメとピーマンのバター炒め」

「茄子《なす》と豚肉のそぼろ炒め」

「マグロのでっかいカタマリ」

そして本来は「つきだし」待遇だが、この日はメーンディッシュとして出場する「とりたて、干したて、炙りたてのスルメイカ」。もちろんマヨネーズと七味トウガラシで食う。

この時間を狙って香山イテコマシタロカ君とショカツがニカニカしながらやってきた。

風が殆どないわりには蚊などもいないので飯を食ったあとは焚き火を囲んでタカラのハイボールやウイスキーのロックなどにうつる。

まあ今回のイカの釣り船沖干し作戦は成功だった。もう個人テントをたてるのも面倒になってきて何人かはカウボーイみたいに焚き火のまわりで寝ている。月が出てきた。暑かった今年の夏ももうじき終わる。

そのうち台湾の名もない島への遠征がある。情報が殆どなく、またこの前の青ヶ島のときのようになにかのアクシデントで島流しになる可能性もある。だからこういうここちのいいキャンプのときこそ静かにぐっすり寝ようじゃないか。青ヶ島に取り残されそうになった誰かが言った。

夏の太陽の下で「釣っては干し、
釣っては干し」を実践した男たち

ロケットランチャーのような投入機にプラヅノを一本ずつ入れていくコン

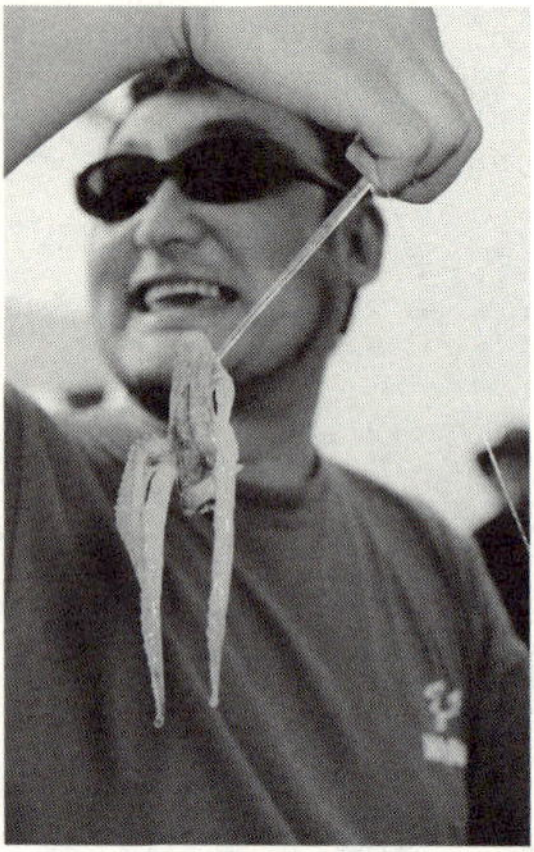

「ゲソだってスクイッドだぞ」と語学留学帰りの竹田

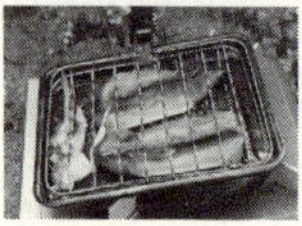

沖干しのスルメを「炙っては食い、炙っては食い」

雑魚釣り隊の定番キャンプ料理といえばやはり「死に辛そば」

雑魚釣り隊祭りだ。新宿三丁目

結成十周年だ何かやろう！

今年（二〇一五年）、雑魚釣り隊が結成されて十年である。だからまあ結成されたのは当然二〇〇五年。本誌『週刊ポスト』での連載は三年ほどだが、その前の七年間は沖釣り専門誌『つり丸』で月一回のグラビア連載だった。初期のメンバーは十人。そのほとんどが現在も中心的な隊員として活躍している。最初は伊豆大島に行って、雑魚釣り隊エースの海仁がいきなりカンパチを釣り、残りの連中はみんなでアバサー（イシガキフグ）を生け捕りにしてむさぼり食った。

『つり丸』時代はその雑誌の読者層が釣りをするエリアの関係もあって、神奈川、千葉、静岡、茨城など関東一円への遠征が多かった。多くはテントキャンプ旅であり、流木焚き火に、運が良かったときは自分たちが釣った魚でヨロコビのカンパイ宴会をしていた。

八年目からはポストに連載丸ごと移籍し、今日に至っている。その間にメンバーはどんどん増えていき、今は関西勢やアラスカやアメリカなどにいる連中も含めて三十人あまりになっている。そして釣り場の関東一円しばりもなくなったので、北海道から沖縄までと、まあつまりは日本中へと広がり、時には海外へも遠征するようになった。

結成十年にあたって記念的な何かをやろうではないか、という機運が盛り上がった。隊員が三十名もいると二十代から七十代まで年齢層も広がり、職業も多岐にわたっている。「何かやろう」を具体的に考え始めたのは、雑魚釣り隊の若手隊員たちだった。リーダーは橋口太陽とおかしら竹田。この二人を中心に若手ら二十人ほどが珍しく真剣な会議などを開き、具体的に何をやるかということを決めていった。

ぼくをはじめとした年輩組はほとんど若手にお任せ状態。彼らから時々重要なことの相談はあったが、やがて決まったのはこの秋（十月）、新宿三丁目にある我々の酒場拠点を中心にした読者対象のお祭りをやろうというものだった。

本誌連載でもたびたび書いているように関東一円あたりの釣魚旅のときは、早朝三時とか四時に新宿三丁目から何台かの車で出発することが多い。その三丁目には六店の我々のなじみの居酒屋やレストランがあった。その店主たちもみんなメンバーなので、これらの店を舞台にして独自の新宿三丁目祭りみたいなものをやろうというのが基本プランだった。頃は十月、ビールの王国ドイツのミュンヘンではオクトーバーフェストが毎年行われている。

「まあ小なりとも（小さすぎるが）新宿三丁目オクトーバーフェストを狙っていると思ってください」

実質的なこのイベントのリーダーである橋口太陽がぼくにそう伝えてきた。ついては雑魚釣り隊っぽいタイトルを何か考えてください、と言うのだ。書いたタイトル文字をそのままポスターや宣伝パンフレットに使いますからそれもよーく考えて、などと太陽と一緒にやって来たおかしら竹田が言う。そこでぼくは《魚はある。酒も揃った。焚火はないが、さあ乾杯だ！》などと思い付きのタイトルを書いた。

十月十八日、新宿三丁目の一ブロックに集中している演劇小劇場「SPACE雑遊」、老舗の居酒屋「池林房」、そののれん分けのようにして生まれた「海森一号店」、「海森二号店」、「犇富運」、「銀犇富運」が連携した会場になり、宝酒造とアラスカ州政府観光局、アラスカシーフードマーケティング協会が協賛してくれることになった。

やれやれ、バックグラウンドを説明するだけでもうこれだけの文字数になってしまった。いつもこのページを読んでくれている読者は、「まあなんだかよくわからないが、なんとなくわかった。じゃあとっとといつものように雑魚を釣りに海に行ってくれ」と言うかもしれないが、今回は釣り話がメインではない。繰り返しになるが、読者サービスの意を込めて、さっき紹介した小劇場や飲食店を舞台にして我々がいつもキャンプなどで作ったり食べたりしているものを揃え、お酒もたんまり用意して一日中飲んで食ってもらおう、というのが我々の大目的なのだ。

若手リーダーたちの当初の目標は六千円会費で二百人ほど、一般から募集するというものだった。参加者に食事をふるまうだけでなく、この六つの会場でそれぞれほぼ同じ時間に様々なイベントを行う。小劇場に雑魚釣り隊のこれまでの行動の中でおよそばかげた、しかし楽しい写真をマンダラのように展開し、その中でまあそれぞれのメンバーがいろんな話をしたり、簡単野外料理の実演試食をしたり、仲間うちに玄人はだしの落語名人がいたり、プロのバンドマンがいたりするので、そこそこ素人の遊びではない様々な催しものを一日かけてざっと二十種類ぐらい用意することになっている。

それぞれの店、会場は雑魚釣り隊のメンバーが店長となり、さらにドレイたちが料理を作ったりそれを運んだり、ビールを冷やしたり、ごみを集めたりと普段海浜で行っているようなことを都会の真ん中でやるというわけだ。

チケットはイープラスでの販売となった。果たして六千円払ってこの秋の真ん中の昼間からどれほどの客が来るだろうか、見当もつかなかったが、ふたを開けてみると、二百人分のチケットはすぐに売れてしまった。二百人としたのはメインの会場になる小劇場のキャパシティーがぎりぎり百人なので、二グループに分けて回していくという考えからだった。けれどそのあともさらにチケットを求める人が増えていき、これだけの店があるのだから必ずしも一時期に一カ所に百人としなくともいいのではないかという妥協案が出て、結果的には二百三十人以上の大繁盛となった。

強風荒波への突撃仕入れ隊

ところで我々はあくまでも雑魚釣り隊である。当日は飲食店が舞台だからいろいろな料理を作れるが、やはり新鮮な魚を参加者にもれなく提供すべきではないか、という意見が最終的な会議でまとまった。開催前々日、雑魚釣り隊でも特に釣魚に実績のあるメンバーを集め、神奈川県の走水のアジをどさっと釣ってこようという、もう趣味の釣りのレベルをこえた、漁業のようなアジ釣り決死隊が海へ出ていったのだ。メンバーは海仁、コン、天野、名嘉元、アメリカからやって来たタカ、ザコ、ベンゴシ、竹田、内海（ウッチー）、ケンタロウ、宍戸の十一名だ。

十一名は最低一人二十〜三十四匹というノルマをかかえ、早朝の新宿三丁目から数台の車に分乗し走水へと向かった。走水のアジはでかくてうまいと有名だ。これまで雑魚釣り隊は何度か攻め込み、そこそこの釣果をあげているから、みんな気合が入っていた。

ところが前日までの晴天がその日に限って一挙に悪化し、夜明けまぢかの漁港は強い風が吹き荒れていた。それでも船は出る。大目標があるから、と十一人はひるまず沖に出ていった。

その情報を聞いてぼくがちょっと驚いたのは、名古屋から天野がやってきてそのメンバーに加わっていることだった。彼は信じがたいくらい簡単に船酔いする。大きな意気込みがあって、彼は彼なりの理由で決死隊に加わったのだろう。ポイントに向かっていくと風はさらに強まり、波も高くなる。酔い止めの薬を大量に飲んでいた天野だったが、ポイントに到着すると同時にあえなく倒れた。「自分はまあ平気です」と言っていたウッチーも白い顔をして今にも倒れそうだし、滅多に酔わない海仁までも、「あーだめだ、ちょっと吐いてくる」と言って艫のほうによろよろ向かっていった。

「そんなんじゃ二百匹はおろか二十匹も釣れないぞ。おっしゃー、海がなんだ、波がなんだあ！」おかしら竹田がやっぱり青い顔をして叫んでいる。海釣り経験の長い海仁やコンに言わせると、本来魚釣りは海の表面の荒れ具合とは関係なしに釣れるときは釣れるらしいが、その日は三時間たっても誰の竿にもアタリがない。予定時間が迫る中、最終的にアジ五匹とサバ一匹をなんとか釣りあげただけで、惨敗へたれ雑魚釣り隊として帰港したらしい。

そのままではイベントで魚をふるまうことはできなくなってしまったので、これもやむなしと言いつつ、毎日築地に仕入れに行っている彗富運のトオルが翌朝、魚を仕入れに行ったのだった。しかもアジではなくカツオである。だいぶ目論見《もくろみ》とは違ってきたが、これは雑魚釣り隊十年の歴史の中でもよくあったことで、釣れなければ魚屋がある、と我々はごく普通に普段から言っているのだった。

タコさんイカさんグループともに大喜び

さて、新宿三丁目のオクトーバーフェストの当日である。若手メンバーの中には大手広告代理店勤務やデザイナーや写真家、編集者などがたくさんいるので、とりあえず何をやらせてもプロの仕事をする。当日のお客さんのために作ったパンフレットなどは実に機能的で、しかも楽しく構成されている。ぼくなどはとにかく全面的に彼ら若手メンバーにその内容を任せていたので、その日やってくるお客さんとほとんど変わらないくらいモノ珍しげに、彼らの作ったパンフレットを見てどの店でその日何を

事前釣行は大惨敗に終わった

やっているのかを知ったようなわけだった。

　お客さんたちは受付の段階でまず大きく二つのグループに分けられていた。タコさんグループとイカさんグループである。これはその日メイン会場になる小劇場のキャパシティーにあわせてグループ分けしたもので、その区別は色とデザインの違うリストバンドであった。なかなか考えるものだなあと感心しながらぼくはまず隊長として小劇場にいき、タコさんグループにあいさつをした。劇場だからちゃんとしたステージがあり、照明や音響などもプロの仕事になっている。

　各店ごとに分かれたイベントタイムテーブルを見ると、ぼくがやることは最初と最後のあいさつと、その途中でのおよそ二時間を予定した新刊＝雑魚釣り隊の大バカ雑魚釣り記の第五弾となる『おれたちを笑え！』（小学館）のサイン会がノルマだった。その前後の空いている時間にいろんな店のイベントや参加者の様子などをのぞくことができる。お昼時間は小劇場と物販会場以外の四店で、雑魚釣り隊が普段やっているキャンプ料理を都会の現場で作って提供するようになっている。もちろん酒も食べ物も、受付を済ませた人は全部無料だ。

　池林房では「リンさんチャーハン」の実演制作。うーん、これはいいなあと思った。リンさんチャーハンとは、怪しい雑魚釣り隊初期の頃に野外料理名人のリンさんが必ず作ってくれた簡単チャーハンで、これはリンさんしか作れない技ではあったが、そのあとの隊員たちがなんとか継承して今も時々作られている。

海森一号店では「西川屋のホットサンド」のこれも実演試食。これは二年前に急逝した西川良がキャンプのときに毎朝作ってくれたやはり懐かしい味である。のぞいてみるとこの両店とも行列ができている。海森二号店ではこのごろもっぱらひるめしの定番になった「死に辛そば」と「おかしらカレー」。死に辛そばとは、辛くて辛くて死にそうになってしまうそばのことだ。そばにラー油ダレをぶっかけたすさまじいものだが、これもまた極ウマだ。この店はまあこの辛いふたつの組み合わせが売り物で、やはり行列ができていた。

銀彗富運ではプロの料理人トオルがキャンプで作ってくれた、マグロのカマをダシにしたマグロカマつけ麺、それに八丈島の古い友人の漁師、山下和秀がプロの漁師としてこの日に向けて送ってきてくれたいろんな魚の刺し身盛り合わせ。ここなどは同時にぼくのサイン会があるのだけれど、どっちがどっちの行列かわからないくらい混み合っていた。

池林房の店長を務めたコンちゃんのレポートによると、「リンさんチャーハン」用にその日炊いた米は十三キロだったという。この会場では、前々日のアジ釣りで戦う前にダウンした天野の「マンガ盛り食いの実演」が行われている。百三十五キロまでいった天野が、よくマンガに出てくるようなどんぶりの上にチョモランマみたいに山盛りごはんを乗せたのを食う、というか、食わされるという、ちょっと犯罪的なお遊びを我々はよくやっているのだが、それの実演だ。これも見たかったのでちょっと会場をのぞいてみると、七十人は入るその店が超満員になっていた。「ただ大飯を食うだけでこれだけの超満員というのもちょっと意外でした」と店長のコンちゃんが言っていた。

同じころ、小劇場ではアラスカから来た色白黒ひげ男のマキエイのトークショーとその歌が披露されていた。また別の場所では海仁によるキャベツ丸鍋の実演。これも我々のキャンプでよく作る。元々はぼくが始めたものだったが、いつのまにか我々の定番料理になってしまったのだ。

海森ではベンゴシ田中の無料人生相談が行われており、ここにはけっこう女性が集まり、本気で「私には恋人がいないのですがどうしたらいいのでしょうか」などというよくわからない人生相談などが行われていたらしい。

ヨッパライだらけの三丁目

二時間のサイン会を終えたぼくは目当てにしていた木村家べんご志一座の寄席に向かった。予想通り小劇場は超満員。三崎家桜の輔の落語に続き、芸名万年筆丸さんによる、今はもうまるで見なくなってしまったバナナのたたき売り口上。もう一つ別な寅《とら》さんを見るような威勢のいい啖呵《たんか》売りが会場の爆笑を呼んでおり、用意されたバナナは全部売れてしまった。真打はぼくの親友でもある弁護士の木村晋介に頼んだ。赤《あか》螺屋《にしや》ケチ兵衛さんのお弔い話。木村は大学の落研出身で、今はもう素人をこえたプロの噺家《はなしか》なみにあちこちからお座敷がかかり、本業の弁護士稼業に影響が出ているのではないかとぼくなど心配している。

同じころ、海森一号店では〝雑魚釣り隊釣り部〟を囲んでの釣りについての大真面目な、つまりはガチガチの議論が当日参加した釣り好きの人々を交えて行われていた。これも店長のタカの話によると、こういう真剣で地味なイベントはがらがらではないかと思ったら、釣り好きな雑魚釣り隊ファンの人も多く来ていたらしく、思った以上の盛況だったらしい。池林房では、これもまた地味ではあるが確実にファンがいる本好きのための読書討論ともいうべきビブリオバトルが行われていた。

もう終盤に近い四時に、また小劇場にイカさんグループが集まっていて、ぼくの締めの話を二十分ほど。しかしその日はぼくは何一つ固形物を食べず、ただもうビールだけ飲んでいたので明らかに酔っており、タイトルはぼくが「海を語る」ということになっていたのだが、ぜんぜん別な話をしており、司会の香山を焦らせていたようだ。

まあそんなふうにして、このほかにもここには書ききれないくらい盛りだくさんのイベントがあり、何の事故も起きず、みんな満足してくれたようだった。すべての客がひけた最後に銀彗富運に関係者が集まり、ザコのギター、海仁のドラム、ウッチーのベースによる雑魚釣りトリオ初の「雑魚釣り隊の歌」がにぎやかにくりひろげられた。ザコなどは本当のプロであるから、実に軽快で楽しく、みんなそれまでビールを我慢していた隊員たちが、あとはどしゃめしゃに飲んで酔ったのはお察しの通り。

椎名隊長と雑魚釣り隊結成時の『つり丸』編集長・タコの介の乾杯でイベントスタート！

木村弁護士の落語はプロ並みの腕前。隊長も観客も大爆笑だった

イベントは大成功で終幕。隊員たちはイベント中は我慢していたビールをガブ飲み！　早々にできあがったのだった

南島、マグロ・カツオ作戦

離島にはそっと近づけ

雑魚釣り隊はときどき島に遠征する。島にまで行くとさすがに普段の東京近郊の漁港とは違って何かしら「おっ」というものが釣れるが、それは島に到達できたら、の話でおれたちが島に行こうとするとたちまち台風がくる。出発予定の日に連絡船が壊れてドック入りする。仲間の誰かが急逝する（これらはみんな本当の話）。

そんなわけだから島遠征の計画をたてたら、その島に到着するまで間断なしの注意が必要だ。しかしだ。島に到着しても、少し前に書いた青ヶ島（伊豆諸島のなかにある。絶海の孤島感強い）遠征のときのようなこともある。通りすぎたはずの台風がまた戻ってきて（これも本当の話）海岸にまったく出られず、帰りの連絡船もその日からずっと欠航し、おれたちはジャガイモと蒸し卵ばかり食っていた。それしかないからだ。

島遠征は要注意！　と嫌というほどたたき込まれている。

でも、今度の島はひとたび到達すればマグロやカツオの釣り放題、という情報を聞いて他愛もなく浮き足だってしまい、おれたちは安くて便利なバニラエアの便を確保した。しかしその動きを察知されたらしく台風21号がいきなり発生してなんと！　台湾を直撃した（本当の話）。

それでも飛行機の欠航は一日のみで、九月のおわり頃、おれたちは台湾の高雄に飛ぶことができた。今回の痛手はかなり軽度ですんだ、というわけである。

高雄からクルマで三時間ほど山越えして台東市という田舎町に突入。ここまでくると日本人の観光客はまず見ない。貸家を見つけ、そこでまず合宿し、釣りの準備をした。ちゃんとした台所があるので、基本的に自炊である。市場に行くとけっこううまそうな米があり、カジキマグロやカレイなどの魚も売っている。ビールをしこたま買って、まずは文句ありません状態となった。それから現地の釣り情報を集める。

雑魚釣り隊のくせに目指すはマグロ、カツオとなると急に全員いきりたつのはどういうコトなんだ、などとは誰も言わない。わざわざヒコーキに乗ってパスポートチラチラ見せてここまでやってきて十センチクラスの南洋雑魚を釣っているんじゃあまりにも謙虚すぎる。それなら東京湾のはしっこでもいいじゃないか、という理屈になる。おれたちもたまにはマグロやカツオを釣りたくなるんだ。

台湾饅頭で気勢をあげる

一カ月ほど前、台湾の地図をつぶさに見ていたら南の端の太平洋側に島がふたつあるのを発見した。蘭嶼《らんしょ》と緑島《りょくとう》。どちらも有人島で連絡船が出ている。時間距離は港から四十五分と緑島のほうが断然近い。

ここまでくればどっちも同じような条件だろうし、あまり遠い島に行って青ヶ島のようになにかのアクシデントで帰れなくなったら、というトラウマ的不安もあったので緑島を目標にした。最初だけ現地の人に頼んで「釣り情報」をしらべてもらった。日本のように貸し切りの釣り船があるという。

漁師による漁も盛んで、いまはまさしくマグロがとれるが、それよりもでっかいカジキを狙う時期に入っているという。

いきなりの台湾乱入にしてはかなり有効な情報がとれた。マグロ釣りが初めてのメンバーも多い。

「よおし。島のマグロ一網打尽じゃあ」この日を楽しみにしていた隊員のザコがたちまち鼻息を荒くする。経験ある海仁は黙って仕掛けの準備をしている。「目標一人最低一尾だな。だからマグロ九匹」久々参加のアブラ人宍戸が早くもヒハヒハコーフンしている。怒濤《どとう》の一本長竿で陸っぱりが好きな西澤も今回は珍しく船釣りに意欲を持って「帰ったらまずマグロの中トロ丼連続食いだな」と鼻の穴をふくらませている。アメリカからわざわざ来たタカは鳥取米子以来のルアー釣りだ。初体験の似田貝、ウッチー、そしてこの『週刊ポスト』の「雑魚釣り連載」の担当になってからいきなり釣りの面白さにめざめ、いまや休日ごとに個人的にいろんな魚を釣りに行っているというよろず世話人のケンタロウ。

ボロ家ながら一軒まるまる借りたけっこう広い家では、赤穂浪士《あこうろうし》の討ち入り準備もかくやという気合い入りの準備が進められていた。

留守番組は十一人。そうなのだ、釣りのアタック隊のほかにもっと大勢参加しており、我々は総勢二十人の大部隊でこの田舎町にやってきたのだった。

その留守隊のリーダーとして朝早く町の偵察に行っていたドレイ頭の竹田が機敏にあちこち走りまわり、ここらの繁盛ファストフード店は「饅頭屋《まんじゅうや》」であるということをつきとめた。

早朝からやっており、農民は野良仕事を終える頃そこにたちより、勤め人は朝飯とか弁当のために買っていくそうでちょっとした行列ができている。中国の饅頭の半分ぐらいの大きさで食べやすい。肉饅頭はもちろん、ザーサイとかタケノコの煮物などが入っているのもある。できたてを買うからこれを一個食うと勇気リンとなる。二個食えばリンリンだ。三個食えばリンリンリンだ。あーにを言っている。少年探偵団か。

道具と当面の携帯食を持って我々アタック隊は連絡船の一便を目指した。

ぼくは最初、漁船に毛の生えたくらいの木造連絡船で行くのだろうと勝手に想像していたのだが、港に行ってみたら驚いた。三百人ぐらい乗れる立派な観光連絡船で、客もぎっしり。どこか安っぽいサマーカジュアルを身につけたカップルが朝からべちゃっと寄り添い互いに抱き合ったまま歩いて五分に一回ぐらいもっとしっかり抱き合って愛をたしかめあうというベチャベチャ歩行で進んでいくのでキモチワルイ渋滞ができている。

ああ。この寒村にまで中国人のイナゴみたいな大群が押し寄せてきていたのだ。聞けば中国はその日から国慶節の大型連休にはいったところという。キャビンのなかは奴らのニワトリの鳴き声みたいな愛を確かめあう言葉で煩《うるさ》く、化粧品のあまったるい匂いが充満していて、おれたちのマグロ完全捕獲の気勢をそこで早くも削《そ》がれてしまった感じだった。

海の狩猟隊

緑島の面積は十五・〇九一九平方キロメートル。日本の波照間島ぐらいのスケールだから可愛い島だ。行ってみると当初我々が予想していたひなびた漁村がひっそり並んでいるイメージとはまるで違って、中国の若者ベチャベチャカップル群団の一大リゾート地になっていたのだった。

それでも事前の情報どおり釣り船は確保できていたし、釣り具店もあったからこの海域の釣りに合う釣り道具もあらかた手に入った。島に一周道路があり、そこはバイクが洪水のようにけたたましく走り回っている。聞けば運転免許の提示はなくとも借りられ、ノーヘルでOK。ベトナムみたいな四人乗りや、小さな子を抱いたりおんぶしたりすれば五、六人乗りもできそうだ。飲酒運転もさして問題はないようであった。見たところ積極的な取り締まり機能はないようなのだ。

それを聞いて喜んだのが数年前にスピードの出しすぎで普通免許を剥奪《はくだつ》された仲間の一人。「あの、おれ船よりもこれに乗ってガバガバに酔って一日中島のまわりを走り回っていたい」などと言いだした。

遅い午後の「じあい」を狙ったほうがいい、と釣り船の船頭が言うので一時間ほど港で待機。それからよく晴れた太平洋へと波をけたてて どんどん進んだ。

「竿は片側に集めて四人まで」と船長は言った。そうでないとマグロやカツオがかかった場合あちこちモーレツに走るので左右の竿とたちまち「おまつり」になってしまうからだ。

そういえばむかし日本の久米島のパヤオ（浮き魚礁）にマグロ釣りに行ったときは竿は一船で一人だけ持つようになっていた。マグロがかかるとよく走るし、駆け引きに最低でも三十分はかかった。ぼくはそこで初めて八キロのキハダマグロを釣ったが、甲板にあげたときはヘトヘトだった。

カツオはモルジブや南西諸島の池間島を基地とするカツオ船で存分にやった。ナブラを見つけては豪快な一本釣りだ。一回の勝負はだいたい五分。一人平均十本ぐらいあげた。あれは狩猟に近いとそのとき確信した。

台湾のこの船はそれらとだいぶちがってキマリはかなりおおらかだ。

「さあみんな釣ってくれよ！」

ぼくは前甲板に座って雑魚釣り突撃隊の大漁を期待した。

どんどん釣れだした

最初のポイントに着くとすぐにジグを落とす。タナは七十メートル前後のようだった。誘いこみながらリールを巻いていく。コーフンと沈黙の三十分ぐらいがすぎていく。いい天気だった。かなりちかいところにいま出てきた緑島が見える。波はあるがうねりはない。南海の海風そよそよ。最高のコンディションではないか。やはりここまで来てよかった。

やがて待望の歓喜の声があがった。「きたあ！」というやつだ。最初の一匹だからみんな船端にあつまってくる。やがて南海の青い海よりももっと青い元気な魚が左右に激しく走り、次第に走る範囲が狭くなっていく。海仁が釣ったカツオ一号であった。船内はこれによって一気にヒートアップしたようだった。よおしおれも、というやつだ。

三十分に一尾ぐらいの間隔で「やったあ！」が出る。またカツオだ。しかし、それを取り込む中乗り（船長手伝い）の青年がどうやら雑な性格らしく、船端まで持ち上げたかなり大きなカツオを尾まであげたところでバラしてしまった。

「いまの大きなカツオだったな」

「いや、あれはマグロじゃなかったですかね」

よくある会話がかわされる。そのうちまた誰かがカツオを釣りあげた。よおしよおし。食いがなくなると船はすぐにポイントを移動する。魚群探知機を見ているからその移動は精緻《せいち》をきわめている筈《はず》だ。

五時間の約束だった。最初の一時間で二本あがったことになる。みんな夢中になっている。それはよくわかる。マグロ・カツオ釣りは人間を逆上させる。

アブラ人、宍戸がやった

ポイントを変えるとすぐにジグを落とす。その瞬間に掛かる率が非常に高いという。それは魚群で動いているからだろう。パヤオなどの場合は巨大なアンカーに太い綱を結びつけて海面にやはり巨大な（縦五メートルぐらい）円筒型のフロートをつける。するとその綱のいたるところに貝やカニなどをはじめとした小生物がとりつき、それを餌に小魚、中魚が集まってくる。それを狙ってマグロが集まってくる、という仕掛けになっている。

だからぼくが体験したそのときの釣りはパヤオのまわりを何隻かの釣り船がぐるぐる回ってマグロを狙う。そのときは釣りができるギリギリの荒波で、百メートルぐらい先のむこう側に回った船が波に隠れてときおりまるで見えなくなってしまうほどだった。

緑島のその日の釣りは魚探でポイント周辺のマグロやカツオの回遊をおいかけて疑似餌を落とすというものだから、かなり頻繁に移動していかなければならない。

ある程度沖にくるとカジキマグロを狙う地元の船と行き交うようになった。つきんぼうというかなり難易度の高い漁とバケ（引き餌）のどちらかを使うらしい。つきんぼうを見たかったが、その日やっている船はなかったようだ。ある海域にいくと夥《おびただ》しい数のイルカの大群と出会った。イルカのいる海域は、やつらに魚がみんな食われてしまうから、素早くイルカのいないところに移動する。

海に出て三時間ぐらいしたときに宍戸に大きな引きがきた。かなりつよい引きで駆け引きが大変なようだ。

「もしや！」の期待が船内にはしる。奮闘二十分ほどして宍戸はついに本命のキハダマグロをあげた。六キロぐらいだった。

さて本命が釣れたのでまた船内の空気は一層ヒートアップした。それまで中乗りがまたもや二回誰かの釣りあげた大カツオとなんとマグロの取り込みに失敗してバラしている。

なんちゅう雑な奴なんだ。これからあいつにやらせないで自分らでタモかギャフを使って取り込もう、などとおれたちは話した。

ところで、おれと西澤は出航いらいまだ一度も竿を握っていない。本来なら交代でやるもんだがみんな夢中になってしまって竿を放さない。とくにはじめてマグロ・カツオ釣りを体験している連中は、今の宍戸の成果を見て、次はおれだ、というふうになっているようだった。出航以来すでに四時間半を経過している。

この釣魚記はやがてこの連載ページに書かなくてはならないのだが、たとえ釣れなくても竿を一度もにぎらないで書くというのはちょっと臨場感という意味で難しそうだ。本来なら編集担当のケンタロウはみんなの観察をしてそのへんのコントロールをしなければならない役割なのだが、どうやら奴が一番コーフンしているようで、竿を握った手を金輪際放さない。カラオケでマイク持ったら放さないというのと一緒だ。さてどうしたものか。このままでいくと一番困るのは編集担当のケンタロウだと思うのだが、もう残り時間もないし、まあみんな夢中だから当方はこういう観戦記だけでいいのかもしれない。

「おっしゃー！」まるで地元の漁師みたいな
宍戸がこの日一番の大物をあげた

しかし、それにしても何をするためにおれはこんな遠くまではるばるやってきたのかわからなくなっていたのも事実だった。

やがてあたりは闇になり、船は帰港することになった。釣果はマグロ二本、カツオ八本。我々としてはまあまあの大漁ということになる。船長はもっと釣れる筈だ、と言っている。あんたら「おまつり」ばかりしているからそのロスが大きい、とも言っている。まあそれもコーフンのなせる業だったのだろう。

本当は二人ずつ三十分交代ぐらいでやったほうが釣れたような気もする。まあそれでも明日から合宿のめしはマグロ丼の食い放題だ。刺し身も一人半身ぐらい食い放題にしてもいいくらいだ。

その日は島の宿に泊まった。しかし食堂はみんな八時に閉店らしくおれたちは焦った。

やっと入った店は羊鍋専門店だった。まあとにかく乾杯だ。このところ不漁続きだった雑魚釣り隊に久しぶりに笑顔がバクハツした。

「写真撮ってやるからしっかり釣れよ」と隊員たちに気合を入れる隊長

緑島へは台東の富岡港からフェリーで一人往復880元

留守番している隊員たちの元へ、マグロとカツオが入った発泡スチロールを届けるのだ

さすがエース。海仁が船内一匹目のカツオを釣った

ドレイ船イシモチ釣りに出撃す

若者研修船をしたてる

真冬の寒さはオサカナさんたちも苦手のようで、たいていの魚は海が寒くなると海底近くの岩の下などでじっとしている。元気のある若者魚や金持ち魚は少しでも暖かい海に行って、もっと行動的な楽しい日々を過ごそうとしている。

釣り人も同じで、冬は行動範囲が限られるので、近場のやさしい釣り場に行き、早めに宿に帰ってアッカンなどでイッパイやりたい。金持ち父さんだったらその宿も「温泉つき」で掘りごたつなんかあるところ。

釣ってきた魚をさばくのには冷たい水を使わねばならないから、そういうのは誰かがやってくれるとありがたい。おれなど歳をとってくるにつれてとくにそう思うようになってきた。今年は例年にくらべて暖かい冬なので、こんなことを言っているとますますじじい化が進むが、しかしこういうときのために我々には厳粛なる「ドレイ制度」があるではないか。

この頃、ますますドレイ志願者が増えてきて竹田ドレイ頭の下には十数人のドレイがいて、いまなお志願者が数人「採用許可」を待っているらしい。むかしアフリカの海岸あたりへは遠いところからドレイがいっぱい集められたというが、我々のところでは行列を作ってならんでいるのだ。「ここはカリスマラーメンなどを作っているところではないよ。ならんでいても何も食えないよ。帰れ帰れ」と言っても帰らない。いま東京の多くの飲食店などは従業員不足で悩んでいるというが、ここにくればいい人材が集まるかもしれないのだ。

「いまこういうときこそ増幅するドレイの技術指導をすべきではないか」

生まれつき根がまじめで釣り現場にたつとヒトが変わり、内なる狂気がチラチラしてくる、と言われている海仁などは、このドレイたちの中から天才釣り師の芽を発見し、そいつを「いっぱし」に育て、本格的な釣魚遠征に出るときの戦力にしたい、という意欲をチラホラさせている。

もう一人の釣りエース、海仁と流派の違うジギング派の岡本は、釣り船に乗って、その船が狙う魚は断然餌釣り、と決まっていてもいつも一人みよし（船首）のあたりに立ってでっかい疑似餌をぶらさげた竿をぶん回している。そうして予想もしないようなでっかい魚を釣っては「いひひ」などと一人で笑っている。彼は彼でジギング派の天才新人を育てたい、と手ぐすねひいているのも確かだ。

雑魚釣り隊全体進行係のケンタロウは、今回ここに目をつけた。

冬場は関東地方だとどこへ行っても陸っぱりは難しく、釣り船を出さないと釣魚作戦は成功しないようだから、今回は海仁と岡本を指導者に、ドレイにいま以上の体系だった釣り技を身につけさせるために「ドレイ練習船」を出そう、と考えた。

さっそく「魚労長」のコンちゃんと相談し、釣り場と狙う魚をえらび、ドレイ船をしたてた。メンバーはザコ、ヤブちゃん、ベンゴシ、京セラ、ウッチー、ショカツ、ケンタロウ。それに教官として当然海仁と岡本。

二〇一六年の雑魚釣り第一回は、金沢八景の「黒川丸」を練習船にすることにきまり、逃亡阻止のために足を鎖でつながれたドレイたち（嘘《うそ》ですよお）を乗せて港を出ていったのだった。

二教官の難しい説教

今回狙うのは、こういう季節であってもどこへも暖かいところに行くことができないビンボー魚で、しかも性格が温和でわかりやすい。早く言うと騙されやすい。こういうヒトはむかしの上野あたりに行くとよくいたが、今は原宿とか新宿歌舞伎町あたりへ行って観察するとすぐにみつけられる。そのマヌケな魚の名は「イシモチ」。名前から受けるイメージは硬そうだが、ただ緊張して体を硬くしているだけだ、と海仁などは言う。たぶん嘘だろう。

ケンタロウが調べたところ頭の部分に「耳石《じせき》」という大きな石があるため、そう呼ばれているが、本名はシログチ、関西ではグチと呼ばれるらしい。浮き袋から「グーグー」という音を出すため、これが愚痴に聞こえてグチと呼ばれるようになったともいう。体に石を持っているところといい、グーグー愚痴みたいな声を出すところといい、なんか最初からバカっぽい。

これが「石」など体内に持っていないで「金」など持っていたらたちまち「カネモチ」という名になり、味はともかく成金趣味の人が競って買ったり釣ったりする人気魚になっていたかもしれない。

釣りの仕掛けは三十号のオモリが一番下についている胴付き。ハリは二本から三本でそこにアオイソメを一匹ダランと下げるが、今回は新人が多いので二本バリの仕掛けにした。つまりアオイソメが二本ダラン。

「いいか、釣りかたを言うぞ。これは殆どカケヒキというものがない釣りだ。仕掛けをまず下まで落としてちょっとトントンとやるか、そんなことしないで置いておくと、じきにむこうが餌にくいつく。バタバタとびっくりするぐらい大きなアタリがあってむこうから引いてくれるから、それをあげればいい。バカでも釣れるからバカ釣りともいう。これは嘘だけど、まあそんなわけだから皆百匹ずつ釣るように」

海仁としてはいつにない投げやり、大ざっぱな説明だった。ま、ようするにそういうサカナなのだろう。

とはいえこの寒い季節に我々と遊んでくれるのだからありがたく、本当に性格のいいサカナなのだ。騙すようなことをしてはいけない。

整列している中で関西からクルマをとばしてきたヤブちゃんがひじょうにオカシナ恰好をしている。前ボタンがしまらないズボンとピチピチのシャツが妙に派手だ。

「なんだそりゃ?」海仁が聞くと、「東京の海はさぞかし寒いだろ言うて彼女がウェットスーツ貸してくれましたんや。でもこれきついですわ。やっぱり女ものは小さいんです。それにズボンもちゃんとはいらへん」

乗合船に乗るほかの釣り客もいるから、ヤブちゃんをなるべく一般客のほうに行かせないようにした。

続いて岡本教官が訓示をタレル。

「ええと、イシモチは簡単に釣れるサカナらしいけれど、おまえらあんまり釣るな。釣りってのはな、とにかく青い海にむかってルアーを投げている瞬間が一番楽しいんだぞ。そんなイソメみたいなエサつけて簡単にポンポン釣れるなんて釣りじゃない。狙って狙って一日に一度あるかないかのアタリをとって大物をかける魚と人間の一対一の勝負だ。海との会話だ。それができないんなら今すぐ船から下りろ。以上おわり」

そう言われてもイソメ釣りの竿と仕掛けとハリにイソメをダランとつけたばかりのドレイたちは何をどうしていいかわからない。それでみんなわかったフリをした。

七時半に出航し十五分ぐらいでポイントに着いた。今回は何もかも安易だ。

アジも釣れてきてコーフン船に

竿を出して二〜三分でヤブとウッチーにダブルヒット。簡単にいい型のイシモチが上がってきた。それを見たザコが「おいおい、やっぱりイシモチって魚は純粋バカなのか」とあきれてすぐに自分も竿を出している。釣りが好きで雑魚釣り隊に参加した京セラは通常のキャンプ釣りではなかなか釣れないが、今回はすぐに二匹釣ってニヤニヤしている。ヤブちゃんは彼女の派手なウェットスーツでほぼ連続的に釣り上げている。釣れなかったその他のドレイたちも次第に調子をあげてきた。普段のなかなか難しいブランド魚釣りのときは一匹とか二匹が釣れればたいしたものとなるが、こういう数釣りができるのは楽しいだろう。

やがて誰かの竿にアジがかかった。どうやら近くのアジ釣りの船から海流の関係でコマセがこちらにどんどん流れてきて、それでアジが思わぬ外道となってきたのだ。イシモチは「練りもの」の素材として使われるが、アジときたらこれは一匹ずつ立派な一人前だ。ケンタロウなどはイシモチからアジ狙いにシフトし、イシモチはまだ三匹だがアジは十五匹になっている。あくまでもイシモチ数釣りに固執する者、ケンタロウみたいにアジ狙いにかえる者。

いきなりヤブちゃんとウッチーにダブルヒット！

イカ好きのザコは最初からイシモチを相手にせずイカ釣り仕掛けをぶんまわしてスミイカ、アオリイカを狙っている。

相変わらずみよしの甲板の上でルアーをぶんぶんふりまわしている岡本教官は自分の立場を完全に忘れている。イシモチにはなから興味のない海仁はタイラバ（ルアーの一種）でタイを狙っていた。でもアタリはなく全然狙いにないアジを一尾釣っていた。いろんな人がいろんな魚を狙っているので船の上はテンヤワンヤになってきた。

夜は簡単料理教室

その頃、厳寒期ドレイ強化育成作戦を考えた雑魚釣り隊幹部たちは遅い時間に新宿を出て「せめてまあ午後に」という緩い目標時間でその日の宿泊所、湯河原の貸し別荘「オレンジビラ湯河原」にむかっていた。軽井沢でカーリングの取材をしていた竹田は途中で買ったというとうまそうな新鮮野菜をいっぱいクルマに乗せてカーリングよりも雑魚釣り宴会のほうがやっぱり面白そうだと、湯河原の宿をめざしていた。

今回は、ドレイたちが教育実習で釣ってきた魚を、今度は料理教官の指導のもと自分たちで料理し、人間の食えるものにする、という後半戦の勉強がある。

ドタバタの船上だったが、帰港する頃には合計イシモチ四十尾、アジ四十尾という、ドレイ船としてはまあそこそこの釣果となっていた。

教官二人の釣果は海仁が予定外のアジ一尾。岡本はゼロ。

「えっ、先生やのにゼロですかあ」

「バカヤロウ。このルアーにはハリをつけてないんだよ。おれは今日は半日かけてどのルアーがどんな動きをするかの練習をしていたの」

と、岡本の狂気はスパークボルテージがあがっている。ハリをつけていない、というのは本当だろうか。怪しんで確かめようかと顔を見合わせるドレイたちもいたようだが、年齢序列の掟の厳しいこの集団でそういう勇気ある行動に出る奴は誰もいなかった。

貸し別荘に直接集まる幹部たちは八人。

さあ釣ってきたものを料理して早く食わせろ、とビールと箸をもって無意味に猛々《たけだけ》しい。幹部といったってドレイたちよりただいくらか歳をくっている、というだけのハナシなのだが、一番乗りで着いていたのは土屋長老だった。

「おっ早いですね」おれが聞くと、「そう。ぼくは明日ゴルフ大会があるからちょっと先によったんだけど時間がかかりそうだからもう帰ります」

仙人といわれるだけあってこの人の行動は前後左右が我々にはよく見えない。

ドレイ料理教室の教官はトオルだった。彼は新宿で人気のレストランを二軒経営していて若い頃から自身もコックとして鍛えあげてきたので、どんな料理でもこなせる。当然みんなうまい。イシモチとアジが四十尾ずつと聞くと少し考えていた。

ドレイ船が何も釣れない、という事態も考えてその日の朝、築地に買い出しに行く、というトオルにおれはひそかにお金をわたし、うまそうなマグロのカタマリを買ってきてもらっていた。だからまるっきりボウズでも築地のマグロがあるから大丈夫。

ビストロ・トオルの指導のもと、なにかしら必ずうまいものを食える、という先々の展望が見えてきたので、幹部たちは寝ころんだりビール片手のマージャンをはじめたりとたちまちダラ幹（だらしない幹部）へと堕落していった。まあ焚き火キャンプでないかぎり正直な話、あまりやることはないのだ。

ならべてみれば大ゴチソー

そのうちいつもよりかなり元気よくドレイ研修生が帰ってきた。大きなクーラーボックスの中身を意気揚々と見せる。

ここに西澤がいたら「なんだ、イシモチか。不景気な顔してやがんなあ。こんなのをこんなにいっぱい釣り上げてきやがって」なんてことぐらい言いそうだが、彼はいま新潟でとらわれの身になっている。たいへん面白い事情によるのだが、今回はそれを書くスペースがない。雑魚釣り隊ともからむ話なのでいずれ紹介しよう。

イシモチの顔検分も西澤がいないので無事にすみ、トオルの指導のもとショカツと京セラが手足となってそれらの獲物の料理に入った。

・イシモチのフライ＝トオル特製野沢菜のタルタルソースがむちゃくちゃあう。

・イシモチの煮つけ＝とくに大きかった四尾を。身がしっかりしていてこれも思いがけずうまい。

・イシモチのナメロウ＝味噌《みそ》とネギだけでシンプルに。

・アジ酢〆＝トオルいわく、このくらいのアジ（十五センチぐらい）は刺し身がおいしい。

・サプライズ、マグロのカタマリ。いたるところから分厚く切ってがしがし食う。

・豚肉と竹田おかしらが買ってきた新鮮野菜と茸《きのこ》の鍋。味つけは味噌なので最後にここにうどんのカタマリをどさりと入れる予定。

今回もなんだかんだでうますぎる料理がいっぱいならび、我々はそれを囲んでいっものように山賊の酒盛りのようになっていった。ビール、酒はやまほどある。

酔いがいいぐあいにまわりはじめた頃「今年はどういう方面に何を釣りに行くか」という話になってきた。

「まだ見ぬクエはどうだ」

「あれは巨大根魚だから磯の上に陣取って何日もかかる釣りになるぞ」

「やってみたいな。持久戦、並びに根性戦になるのだろうな」

「そろそろおれたちだってやってもいい頃じゃないか」

夜更けまで今年の夢がいろいろ語られた。

得意顔の京セラだ
が最終的にはあま
り釣れなかった

「オモリを底につけとけば釣れ
る」海仁のいつになく適当な指
導を真剣にきくドレイたち

幹部たちの「早く食わ
せろ！」という怒号が
響くなかで、2016年
最初の宴会だあ！

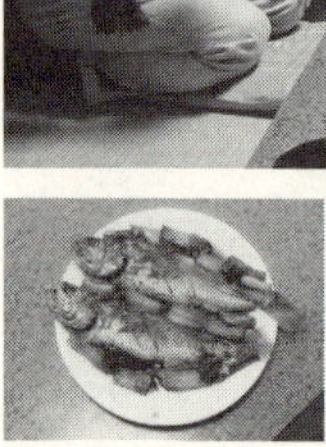

イシモチは煮つけにしても
フライにしても絶品だった

なんだこったら波や風！　さむいやぁ

雑魚釣り海兵隊出動

漁師じゃないけれど毎月必ず出漁するわしらにとって二月はいつも悩むときだ。大気も海水も冷え込んでいるから、魚だってやる気のある奴はわずかで、砂の中とか岩の下で寝ている奴がけっこういる。そういう時期にどこへ行って何を狙うか、の作戦会議からいつもハナシは始まるのだ。

雑魚釣り隊は人数だけは増えているが、海のコトや魚のコトを知っている奴は限られている。そこでいつしか雑魚釣り隊にも「釣り部」というものが編成された。

魚を釣りに行く大集団になんで釣り部が？　と思うヒトもいるだろうが、最大勢力は「飲み部」なのだ。連動して「食い部」というものがあり、このふたつの「会派」が保守本流である。このほかに小勢力ながら「賭事《かけごと》部」「歌唱団」（カラオケね）というものがあるがこれらは実力なく、全体会議となるといつも紛糾する。

しかし「釣り部」は雑魚釣り隊の海兵隊のようなもので、自給自足をテーマとするわしらのキャンプ旅では必ず成果をあげてこなければならない。当然そのメンバーはわしらのエリートということになる。

部長・岡本、宍戸、海仁、コン、名嘉元、ザコ、それに太陽、ケンタロウあたりが加わっている。

厳寒の二月出漁の候補地は「釣り部」の研究によって九十九里浜の片貝と決まった。狙うは「ハナダイ」。マダイより品格およびカタも多少落ちるが、この時期の飯のおかずになるような数釣りが期待できるのはこのくらいだ、と「季節と魚」にくわしいコンちゃんが率先してコレにきめた。

日程も二泊三日とゴーカなものになった。

「おーし」

思えばおれたち幹部は台湾大遠征以来の出陣だ。

台湾のときは台風にすっかり翻弄されたが、なんてことだ。今度はこの二泊三日にジャストミートするかんじで「四十年に一度の大寒波。沖縄にも降雪か」というニュースが流れてきた。釣り船の船長からも「このタイミングではやめたほうがいい」という連絡が入った。

すぐに翌々週の週末に予定変更。おれたちの変わり身は早い。

しかしその週末が近づいてくるにしたがっておれは次第に憂鬱《ゆううつ》になっていた。数日前から風邪《かぜ》の症状が出ていたのだ。ずっと風邪をひかないできたが、ついにインフルエンザとなるのか！　早め早めに対策を、と思って医者に行くとインフルではなく扁《へん》桃腺《とうせん》が腫《は》れてきている、という。若い頃からの持病で、これはほうっておくと四十度近い高熱が出る。抗生物質と解熱剤で対抗したが、喉《のど》は腫れるばかりだ。

そのまま明け方の太平洋に出るとハナダイと刺し違えになるかもしれない。しかし、このシリーズの書き手であるおれが行かないと……。日程はもう変更できない。責任感の強いおれはもがいた。

ケンタロウに窮状を説明する。

「じつはおかしら竹田がカーリング取材で青森へ、ベンゴシがぎっくり腰、天野は愛犬が入院して付き添いに（？）というわけのわからない連絡をはじめとしてインフル患者が二名。どんどん戦力が落ちています」

そして最終的に残ったのが釣り部海兵隊ぐらいになっていた。それにドレイのウッチーと京セラが加わる。

だからその日の釣魚その他のエピソードの詳細はケンタロウが綿密にレポートしておれによこし、それをもとに今回はいわゆる「アンカー」としてヒハヒハ三十九度のおれが唸《うな》りながら書いていくことになった。

「船酔い吐き部」の活躍

いつものように新宿を午前三時に出発。明け方五時すぎには片貝港の「第1二三丸」で出航していた。しかしハナダイは寒波以来、潮がかわってしまい、それまでバンバン釣れていたのに、ここ数日は沈滞気味であるという。こういう展開は雑魚釣り隊のためにあるようなもので「昨日まで魚影すら見なかったのに、見なさい、今朝は港にまで入ってきてバンバン跳ねておどってますよ」などということはこの十年、ほとんどない。したがっておれたちは平然としたものだ。

ただし海はバンバン暴れている。

「今日は潮と波と風が全部違う方向からきてますよ」

船長が言うとおり、なるほどポイントまでの一時間ほどの船の揺れ方はハンパではなかったらしい。

出発まで「ひさしぶりの船釣りさあ。最近はオレ存在感が薄いみたいだから今日は竿頭とるからよう、よく見ておけよー」と騒いでいた日焼けして赤い顔の名嘉元が、船尾で竿を出しながら早くもゲロをじゃかじゃか吐いて存在感を見せている。

その後ろの船室にはウッチーが青い顔になって倒れている。

釣りが好きなのにやはりすぐ船酔いする京セラのほうは白い顔をして半分死に顔だが、竿だけは出している。「ぼくはタイが好きなんです。ぼくはタイが好きなんです。ぼくは……」呪文《じゅもん》のようにそうくりかえしている。なんかコワイ。いまにも吐きそうだが意外に根性があってゲロを喉でブロックしているらしい。

しかし、こういうのは確実に連鎖反応があり、名嘉元が赤い顔して船尾からゲロをすると、それをみて京セラが能面白顔でぶわーッとやる。その音を聞いてウッチーが船室からノソノソ這い出てきて青い顔でブワーっだ。

赤顔、白顔、青顔そろい吐き。これより三役。

そうだ。雑魚釣り隊には「船酔い吐き部」というのがあった。部長はゆるぎなく天野だ。彼は、漁港で揺れている漁船を見ているだけでもう吐く。

ヘンタイ岡本の必殺ひと振り

ハナダイはコマセ（アミコマセなどのよせ餌）にしゃくり。船長が探知機でタナを教えてくれるから、さらにタナの三メートルぐらい下にオキアミをつけた仕掛けを落としてあとはしゃくっていく。比較的おだやかな釣りだ。しかもアタリは明確らしい。

釣り部の岡本部長はもっぱら「釣りヘンタイ」と言われていて、こういうハナダイ専門の餌釣り船に乗っても、本命のサカナとはぜんぜん関係ないサカナを狙っていることがよくある。例によってみよし（船首）の台の上に仁王立ちになってテンヤ（マダイ狙いのオモリとハリが一体化した仕掛けで、ハリにエビをつける）の竿を振り回している。この寒風荒波、落ちたら死ぬで。

釣り部部長の岡本は簡単にマダイを釣った

そのヘンタイ岡本がひと流し目であっさりタイを釣った。ハナダイではなく本物のマダイ。ニクイのだ。
部下たちも正統派のハナダイ釣りに徹していよいよ各自、目的のものを釣りあげだした。まだ十五センチから三十センチぐらい。でも見たかんじマダイそっくりである。ただしマダイほどには大きくならず四十センチ級で大物らしい。国内で釣れる赤いタイはこのハナダイ（正式にはチダイ）にマダイ、キダイ（レンコダイとも呼ばれる）がある。

船尾にしぶとく陣どった名嘉元はひとしきり吐いたあとも竿を振り回している。でも船尾の揺れは独特のものがあり、吐き気が簡単におさまるものではない。そのうちに吐いたものがコマセになったのかついになにかかかった。おおハナダイ二尾のダブルがけ。

「やったあ。ウゲッ」

念願のものを取り込んでは「ウゲッ」と吐く。吐くのは疲れるからじき船室で五分ほどたおれる。おきあがってきて吐く。釣る、寝る、吐く、釣る。まあこれはこれでこの人のリズムというものになっているようだ。

岡本とならんで雑魚釣り隊エースの海仁は「今日は寒いからなるべく仕掛けは変えない。水にも触らない。エサもつかわない」などと言っていつになく虚弱釣りに徹していた。

その海仁にアタリがあった。釣りあげてみるとビール瓶大のアイナメだった。するとすぐあとに岡本がやはり同じようなアイナメをあげた。ビール瓶二本。外道とはいえアイナメはうまいから釣れると嬉しい魚だ。

そのうちイサキがあがりだした。さらにウマヅラハギもあがってくる。船内は賑やかになってきた。

吐いていた京セラがはじめてハナダイをあげた。「ぼくはタイを釣りたいんです。タイなんです」とブツブツ言ってまわりの者を気持ち悪がらせていた奴が、はじめて念願のものを釣りあげたのだ。

京セラは何を思ったのかそのタイをミチイトごとつりさげたままコンちゃんのところへ行った。

「コンさん、ぼくはタイを釣りました。夢に見たタイです。このタイどうしたらいいんでしょうか?」

はじめてサカナを釣って我を失った若い奴を大勢みているコンは落ちついていた。

「お前の足もとにバケツがあるだろう。そこに入れればいいんだよ。あわてて海に落とすなよ」親切に教えてあげる。

「バ、バケツ。そんなものがありましたっけ。ぼく気持ち悪くて下むくと吐いちゃうから気がつかなくて……」京セラは息も絶え絶えにそう言い、無事タイをバケツに落としてまた吐いたのだった。

この京セラの奇跡の一匹を船室でムシの息で聞いていたウッチーが、何を思ったのか冬眠あけのアナグマのようにノソノソ這いだしてきて自分の竿を握ると仕掛けを海に落とし、最初で最後の一投でハナダイを釣りあげ「お世話になりました」と言ってまた船室に足のほうからモソモソ消えていった。

あまりの瞬間技に、これをみていたのは宍戸以外いなかったらしい。

その宍戸は艫のほうでずっと黙って静かに、そしてコンスタントにハナダイをあげていたようだ。むかしの雑魚釣り隊には一匹釣りあげるたびに「釣れたあ、釣れたあ」と船内を走り回るバカがいたが、今は京セラみたいにオバケみたいな奴にかわった。静かなる宍戸が結果的にハナダイ十四匹の竿頭だった。せんだっての台湾緑島のでっかいマグロも宍戸だった。雑魚釣り隊の真の王者は次第にかわりつつあるのかもしれない。

念のため二番は名嘉元のゲロまみれ八匹。全体ではハナダイ三十四匹、マダイ二匹、

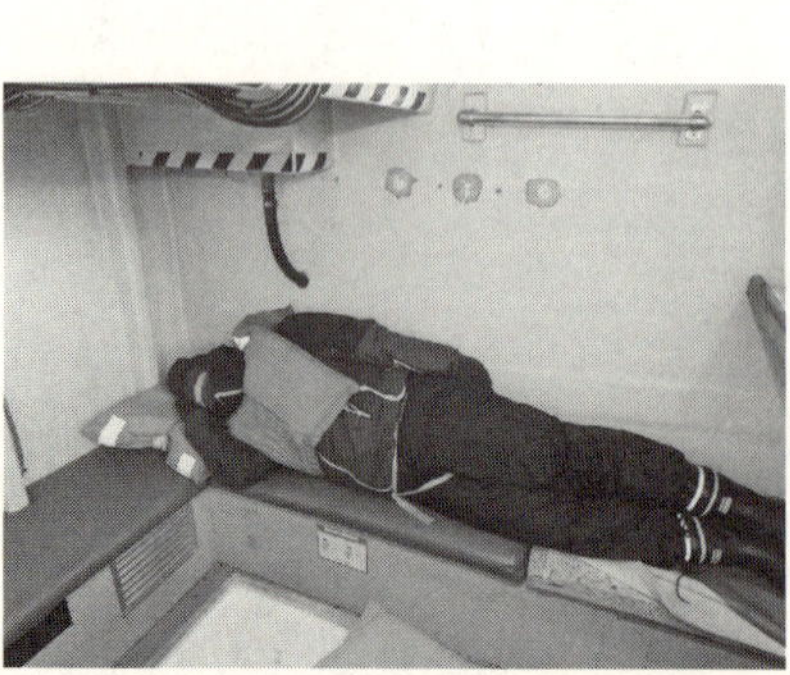

船酔いのため船室でピクリとも動かないウッチー

ウマヅラ十匹、アイナメ二匹、メバル二匹、カサゴ一匹、アジ一匹。悪天候のなかではよくやったほうである。

青森の三バカも釣りをしていた

今回は港からクルマで三十分ほどのところにある貸しコテージが宿。これだけの獲物があると夏ならテントキャンプに焚き火料理ということになるのだが、真冬は午後になるとたちまち夜になってしまう。台所つきのコテージの宿泊は賢い選択だった。

ところでここにケンタロウレポートのほかに一通の怪しげな「報告書（懺悔《ざんげ》）」と書かれたレポートがある。

レポーターはおかしら竹田である。竹田は青森で行われているカーリングの取材（仕事）に行っているのだが、取材の前後はけっこう暇らしい。

そこであれやこれや言ってハナダイ釣りに不参加だった天野とベンゴシに連絡したそうだ。

「ヒマだから飲みにこいよう。こっちは市場の海鮮ドンブリ、煮干しだしバカ旨《うま》ラーメン、安くてうまい北の鮨《すし》、薫《かお》る地酒。みんなみんなうまいよう」

ギックリベンゴシも、入院犬の介護のはずの天野も、その数行でたちまち青森のおかしらのもとに飛んでいった。

竹田は集まってきた二人に「雑魚釣り隊に絶対知られるけれどいいか」と聞いたらしい。

「彼ら、自分らで釣ったのをたくさん食べていれば大丈夫だと思う」

「酔っぱらっちゃえばすぐ忘れますよ」

二人はそのようなことを言っていたそうだ。

おかしらがリサーチして連れていったのは「こっちはこっちで〝釣り〟ということをしていればおとがめはあるまい」という安易な思考で「ホタテ釣り」というイベントだった。

といっても市内繁華街にあるその名も「帆立て小屋」という店で、店内には一メートル四方（！）の水槽があって水深十センチぐらいのところにホタテ貝がちらばっている。竿の先のハリをホタテの殻の内側にひっかけて釣りあげたら自分のもの。三分間で五百円という。

こんなのバカでもできるだろうと思って三人のバカが挑んだのだが案外むずかしく、おかしら竹田はゼロ、天野とベンゴシは二枚ずつ。千五百円で四個のホタテというわけだ。市場で買えば十枚はくる。その獲物をその小屋のなかで焼いてくれる。サケを飲む。

三バカがこのあと青森で何をしていたか、ということがこのあと延々と書いてあるのだが、とにかく三人は明け方まで飲んで食っている。殆ど人間じゃない記述を読んでいて最後は気持ち悪くなってしまったので、話は本隊の恒例「大漁宴」の様子に戻っていく。

夕食の支度時間にあわせて新宿の有名ビストロのトオルがクルマを飛ばしてやってきた。義理固い男なのだ。

彼さえいれば、いろんな種類にわたる獲物もなんらかの高級料理になっていく。下ごしらえ役のケンタロウと京セラが、釣った魚をどんどん三枚にオロシていく。このへんは誰が何も言わなくてもルーチンワークになっている。あとのものは料理待ちでかわきものを肴にじゃんじゃん飲みだしている。このへんも誰が何も言わなくてもいつものことだ。

トオルは獲物を見て「ハナダイはマダイにくらべて水っぽいから、刺し身も湯びきして皮つきじゃないと美味《おい》しくないんだよな。ウマヅラもこの季節はあまり肝も入ってないから揚げようか」

プロの料理人というのはすごいもんだ。テキパキと献立をきめていく。アイナメは刺し身と昆布締めになった。

驚くべきはウマヅラを使った酢豚風。そのまま高級料理店に出してもブタ肉を使ったものよりうまそうだった。これらはモノクロながら写真に出るだろう。そうして小さくてもいいから、同じ頃これもリッパな釣りだ、と言っている青森の三バカの写真もいれてほしい。いっぽうおれは歳をとってからの高熱にすっかり疲れはて、食欲もなかったが生きていくためにお粥《かゆ》にカツオブシの醤油まぶしをかけてモソモソ食っていたのであった。

竿頭を目指し吐きながら
奮闘した名嘉元

良型のアイナメを釣って笑顔の海仁

まさかの隊長不在でも釣り部海兵隊はしっかりと目的を果たした

ホタテを釣って「オレたちだって釣りをした」と
堂々と酒を飲む三人。なんで青森にいるんだ！

トオルが次々に激ウマ料理を作る。「ウマヅラハギ酢豚風」なんて誰も食べたことないでしょう？　締めの「タイ飯」も最高だった

春のオサカナさばき方教室

大堤防は待っていたが……

　これまでずいぶんいろんなところでいろんな魚やその親戚《しんせき》（タコとかイカとか破れ傘とか）を釣り、食えるものは食ってきたけれど、ちゃんとした調理というと、この数年はザコとトオルという料理専門家がいるので、彼らにおまかせ、というか押しつけというか、よく言えばもっとも安心安全おいしい分業制でやってきた。

　けれど何時もかならず彼らがきてくれるとは限らない。残された「海岸孤児」みたいな連中でどのくらいオサカナをさばけるのか、人間が食えるようなものに料理できるのか、という不安と疑問のもと、今回は一度全隊員の「オサカナさばき教室＝検定」というものをやってみようではないか、という「正しいけれど余計なこと」を言う奴が出てきた。雑魚釣り隊の世話人となって、釣りはもちろん厨房の下働きなどでもメキメキ腕をあげてきたケンタロウである。

　三月に入ったばかりの週末、おれたちは三つの班に分かれて三浦、平塚、江ノ島方向にむかった。オサカナさばき教室の教材は魚界でもっともポピュラーな品位と味を誇る「アジ」と決まった。

その教材釣り班はコン、太陽、ベンゴシの三人。走水から乗合釣り船で出撃。目標は三十匹から五十匹。

アジはそいつらにまかせて、陸っぱり班はメジナ、カワハギ、キス、カレイがじゃんじゃん「入れ食いだよう」という釣り具店の親父の元気のいい声に励まされて西澤、ウッチー、竹田、ケンタロウ、新人ドレイの三嶋、それにおれの六人が江ノ島の大堤防にむかった。

堤防班のおれのトラックは、七年前にスピード違反が重なって免許剝奪《はくだつ》され、さきの年末年初に新潟の自動車免許取得合宿訓練所で自分の子供ぐらいのガキにまじって涙の免許再取得を果たした西澤が運転する。

西澤はトラックの前と後ろにちゃんと若葉マークを貼りつけている。免許再取得の際は累積「三」点で講習の呼び出しがあるらしい。若葉マークをつけていないと違反でそれだけで「一」点加算されてしまうというから、むかし走り屋で湘南の音速男といわれていた西澤は、今や雑魚釣り隊でもっとも安全確実な、信号指さし確認黄色停止、左折右折声だし確認、低速ナメクジ走行の男となって帰ってきたのだった。考えようによっては今や無敵である。これまで七年間、よく西澤を助手席に寝かせてそのトラックを運転してきたおれは「今後、お前が再度免許失効するまでおれのお抱え運転手になること」と命じて後部座席にいってすぐさま寝た。

起きたら快晴の、気分のいい湘南大堤防に着いていた。ケンタロウが沖のどこかにいるコンたち「アジ釣り決死隊」に電話して目下の釣果を聞く。「まあまあですな」というコンからの返事ではどのようにまあまあなのかわからない。

おれやケンタロウはぶっこみでカワハギを。ウッチーはサビキで小魚狙い。西澤は豪快な遠投でチヌ、メジナ狙い。高揚するとなぜか必ずインチキ関西弁になる西澤は、「あんなあ。ここらはオレの地元やで。陸っぱりですげえ大物が釣れる名所なんや。オレはいままでここで四十センチのイナダとか六十センチのマダイとか八十センチのカツオとか百六十センチのスッチーとか三メートルのマグロとかいろいろひっかけたり釣ったりしてきたんやで。なめんなよ、コラあ」と鼻の穴を三センチぐらいにひろげている。よく晴れていて風もない。

まさしくこの大堤防は人気らしく釣り人がたくさんいる。海の水もこんなに陸に近いのによく透き通っていていかにもいろんなサカナがいそうである。

「やっぱり堤防釣りはいいよなあ」

おれと西澤はさして釣れなくても自分で好きなように竿を出せる堤防釣りが好きである。魚探で魚の群れを追い、タナまで測って船長に「ハイ、全員竿だしてー」「ハイ、全員竿ひいてー」「ハイ、全員パンツあげて」などと言われてその通りにする釣り船は、なんだか「人間鵜」になっているみたいであまり好きではないんだ。ま、釣り船のそういう方式のほうが確実に釣れるのだが。
それにしても、自分勝手に竿を出し入れする堤防釣りでも、あまり釣れないとこれほど退屈なことはない。で、その日が生憎《あいにく》どうもその退屈な日になりそうだった。おれたちの周辺にいるヨソの釣り人の誰一人からも「あっ」とか「おっ」とか「やった」などという声がまるで聞こえてこないし。

今日初参加のドレイの三嶋はドレイとしてはめずらしく自分で釣り道具一式を持ってきている。外資系の会社に勤める口数の少ない気だてのよさそうな男だ。おまけにサケは飲まず人生はコーラだけでよく、大きなクルマを持っているという。酔っぱらいが多く、夜には運転手不足になる雑魚釣り隊のために生まれてきたような救世主なのだ。たぶんこれからは「コーク三嶋」あるいは「おたすけコーラマン・ミシマ」などと呼ばれるようになるだろう。

「それにしてもあまりにも誰にも何も釣れねーなあ。このやろう、大桟橋はどうしたあ！」

〝湘南の不発弾〟ともいう西澤の太竿ぶんまわしにもずっとなんの反応もない。

「あっ。沖ではそろそろアジが釣れ出しているようです」

携帯電話を耳にしたケンタロウがその場の雰囲気をわきまえず大きな声で言う。

「ちっくしょう。あのバカコンめ！」

不発弾の信管がブルブル言っている。

「腹へったぞう」

おれはいらぬ暴発を避けるため隊長としておごそかにそう言う。

バラシ、バラシの船が行く

このエリアの情報にくわしい竹田がうまいコロッケを売っている店を知っているとかでクルマで買い出しに出ていった。揚げたてコロッケパンが食えるらしい。

しかしいまだに誰にも何の変化もない。太陽ギラギラ。ようやく春だというのに。

そのあと宿泊場所に行くのにも運転しなくていいおれはコロッケパンのためにビールを飲んでおくことにした。よく冷えたのをゴクリゴクリ。堤防釣りは自由でいいけれど釣れないと大体三十分で飽きるおれは、ここでいかに気分よく酔っていくか、という方向に個人的進路を変えた。

その頃「海福丸」に乗ったコン、太陽、ベンゴシは左舷《さげん》のみよしから順に竿を出していた。

乗合の釣り客は二十人ぐらい。走水のアジといったら大分の関アジにも負けないブランドアジだ。イワシミンチのビシ釣りで、経験豊富なコンちゃんはこれまでここで何百匹も釣りあげてきたらしい。しかしその日はまだ水温が低いからか、思っていたほどの重いヒキはない。釣り開始から三十分ぐらいして水深五十メートルあたりのタナからやっと三十五センチのを釣りあげた。ほかの客にもそのくらいのが釣れてきているらしい。遅れをとったアセリがあったのか太陽とベンゴシはでかいのを釣ってはもうあと二十センチという船べりでボチャンと落としている。

最悪なのは太陽がでかいのをあ

幾度のバラシとオマツリの末に
遂に大アジを釣ったベンゴシ

げたそのイトにベンゴシの仕掛けがからみつき（これをオマツリという）、シーシェパードのようにバラシ攻撃をして折角の獲物を海中に逃がしてしまう、というドジを多発していることだ。人権弁護士って多いが魚権弁護士を乗合釣り船に乗せてはいけない。

コンがその後二匹目のまあまあのサイズを釣ったもののそれからは十五センチクラスの小型のものばかり。ベンゴシは相変わらずオマツリとバラシの連続だ。このままだと「バラシのベン」と呼ばれるようになりそうだ。それならまだいい。釣れてる他人に糸をからめて「オマツリ」を仕掛ける「お祭りベン」「お祭り便男」と言われるかもしれない。

「お祭り便男」ってどういうんだ。赤や黄色や緑の飛び散った見るだにおぞましい阿《あ》鼻叫喚《びきょうかん》爆裂型大派手下痢便をぶちまいていく男、ということになりそうだ。

小型しか釣れなくなったのでハリスを一・五と細くしたらこれがよかったようで三人とも十五センチ級のをあげはじめた。しかも「バラシのベン」はなんといきなり四十センチの、その船でも最大級のをバラさずにあげ、バラシとオマツリ便の悪名から逃れたようであった。そうこうしているうちに小型をまじえて最終的には釣果三十四になっていた。そのうち二十四はコンがやった。

その頃、本来ならこのアジ船に乗って全体を指揮していなければならない岡本釣り部部長は、この頃のいつもの行動のように、誰にもくわしいことは告げず、個別の魚を狙って沖に出ていた。ルアー専門の岡本は「ホウボウ」を狙っていたのだ。冬の高級魚である。

揚げたてコロッケの匂いが流れる

いっぽうの堤防では「オマツリ」という無駄なものは一切ない。第一オマツリしたくても誰の竿にも何もかかっていないのだ。あれからかれこれ四時間。誰にも何も釣れない。こんなことがあっていいのか。

「まああんたらだから仕方がないもんね」誰かが低い声で言った。

「何イ！　いま誰か何か言ったか」

西澤が赤いワニ目をして振り返る。

「いえいえ、いまのは沖から聞こえてきたようで」

ケンタロウが慌ててごまかす。沖のアジの釣果と堤防のボウズのイラダチの間に挟まってケンタロウもたいへんんだ。

あらくれ気味の空気をやわらげるように竹田が帰ってきた。揚げたてのコロッケのうまそうな匂いが海風にひろがってくる。

「パリの空の下にオムレツの匂いが流れ、湘南大堤防にはコロッケパンの匂いが流れる。なんとなく似てますねえ」ケンタロウがなんとかとりなす。たしかにビールのホロ酔いにコレうまいんじゃないの。

コロッケパンをおいしく食べたらみんなもう海など見なくなった。

「おい、このあたりの海は地球四十五億年の生命の歴史のなかでも命のあるものはまったくいない！　という特異地域じゃないのか」

西澤がおごそかに言った。

「だって西澤さんはここで六十センチのマダイとか百六十センチのスッチーを釣ったとか言ってたじゃないですか？」ややあとずさりしながらケンタロウが言う。

「バカヤロウ。スッチーは陸にいたんだよ。十分成長してスカートはいてな」

とにかくこんな海に竿を出すなんて無駄なことはさっさとやめよう、というおれの意見にすぐに全員うなずいた。

素早く荷物をかたづけ、その日の宿にむかう。この頃我々は寒い季節には大きな貸家を一軒借り、そこで合宿することにしている。堕落だが夏を待て。

その日借りた宿は鎌倉宮のすぐ近く、二階堂というところにある一軒家だった。玄関まで細い回廊状態の道を行くので全貌《ぜんぼう》はつかめないがどうも予想より立派な家で、我々雑魚釣り隊のようなガサツな集団が入っていっていいんだろうか、とためらうような「瀟洒《しょうしゃ》ないい家」だった。大きなリビングの先は池つきの中庭。清潔そうなキッチン。和洋含めて寝室が五つか六つある。きっちり洗濯したてのカバーがかけられた布団が十人分。寝袋にもぐっての雑魚寝が得意な我々なら三十人全員が楽に泊まれそうだった。

出刃を持って集まれ

陸っぱり組とアジ船組がほぼ同時にやってきた。別ルートでこの宿に直行した土屋仙人の顔があり、マグロ男の宍戸、トオル、ダイスケが先乗りしている。誰もどちらの釣りもしていないのにこの人達はいったいここに何をしに来ているんだろう？　などとヤボなことは誰も言わない。獲物を食いにきているのだ。文句あっか、と仙人が無言でそう言っている。モンクありません。

みんなで船釣り組の獲物を見にいった。三匹の大アジが光る。実際ウツクシイお姿だ。

「ではこれより今回のメーンテーマ。アジの正しいさばきかた教室をひらきます。みんなに通達したように出刃包丁ありますね。それを持って庭に集まってください」

ケンタロウがカン高く叫ぶ。

みんな言われたとおりゴソゴソと用意の出刃を持って出てくる。おれもツマから借りたのを持ってきた。十数人が出刃を持って集結するとなんか怖い。おれが出刃を包んできた新聞は『東京スポーツ』だった。一面トップに大きく「殺したる!」という見出しが躍っていた。例の清原関係のニュースだ。

〔おかしら竹田の手記〕

サカナ釣りなんか何も知らないのに雑魚釣り隊で十年揉《も》まれているうちに「ハリスは何号、タナは底から三十メートル、エビは背がけで二尾……」なんていつのまにか偉そうに言えるようになっていた。しかし釣ってきた魚をさばく、ということになると全部ザコとトオルまかせで何もしない。できない。アジをさばいたことなんかない。何もできないのに出刃包丁持ってキャンプ地をうろうろされるのもまずい。隊長がアジをさばいているのも見たことない。

「おれはカツオをさばけるからいいんだ」といつも言ってるけど「だから何がいいんだ」という疑問をみんな持っている。したがってこういう勉強会は大切だ。

おれ竹田は折角だからと合羽橋にむかった。ご存じのようにそこは調理器具のディズニーランドだ。近づいていくと「手打ちかき揚げそば」という看板の店がある。ちょうど腹が減っていたので、買い物前にかき揚げそばでもいっちょうすすっていくか、と思って入っていったがどうもヘンで客席もなければ厨房らしきものもない。そこは手打ちかき揚げそばを作る道具を売っているのであった。「なるほど」

次は用心してまっすぐ刃物屋さんに行った。牛刀、ペティナイフ、三徳包丁、骨スキ、筋ひき、洋出刃、中華、菜切り、サーモンナイフ、蛸《たこ》引き、腹裂き。おー、なんかおそろしげじゃないか。頭がくらくらしてくる。いつまでも包丁の前でくらくら迷っていると職務質問されそうだ。トオルから「小出刃がいいぞ」とアドバイスを貰《もら》っていたのを思いだし、それを注文すると店のタコ八おやじが「あいよ」と言って出してくれたのが三万八千円だった。

「あのあの、お店ひらくんじゃないので、いちばん安い奴でいいんですが」殆ど逃げ腰状態で小さな声で言うと四千二百円のステンレス製のを出してくれた。あとでトオルにそれを見せると「それで十分いい」と言ってくれたので嬉しかった。

コンちゃん教室

鎌倉の合宿所の庭に出したテーブルの上に大小のアジが並んでいる。順番にそれを三枚におろしていくアジのさばき実践教室がコンちゃん指導のもとにはじまった。

「まず、ゼイゴ（硬いトゲのあるうろこ）を切り取りましょうね」

テーブルの上に横たわる大小のアジが西陽《にしび》に光って美しい。そのまわりを十人近い男たちがむきだしの出刃包丁を持ってウロウロしている。誰か急に逆上して「キェー！」などと叫んで「鎌倉出刃包丁踊り」なんかはじめたらどうすんだ。

コンがまじめに、まずは美形の一匹を三枚にオロス手本を見せる。無駄なくきれいなもんだ（220ページの写真を参照）。できたての刺し身をみんなで食う。肉がまだ固くコリコリして当然ながらうまいのなんの。ケンタロウが参考のために十尾ほど近くのスーパーでアジを買ってきたのでそれで試してみると全体の肉のしまりが悪く、グズグズしていてその差はまるでとんでもない。

アジは皮が手で引きむしれる。これは新鮮なカツオもそうなのでおれも挑戦してみたが、アジは小さいので滑って押さえるのがむずかしくおれにはむいていない。やはりカツオ専門でいくことにした。アジに対してまじめなタイドをとっている連中が辛抱強くコンちゃんの手ほどきをうけてけっこう上手にやっている。宍戸やダイスケなどはねばってアジのフライ用のものまでさばいている。

その頃、さすらいの一人旅に出ていた岡本がみごと大きなホウボウを三匹ぶらさげてやってきた。これで刺し身の皿は賑やかになる。もう全員ビールタイムになっているのでトオルが仕込んできた黒いジャガイモ・デストロイヤー（破壊王ですよ）というものでフライを作ってくれた。これがビールにあってまことにうまいのなんの。そうしてその夜の宴会は、いつもと少し違う「料亭」気配でなかなか優雅にはじまったのであった。優雅といってもメーンディッシュはアジのフライ。トオル特製の「ザーサイのマヨネーズがらめ」みたいなソースが新鮮アジフライにうまいのなんの。

免許を再取得した
西澤は若葉マーク
を持参した

釣り竿を持って颯
爽と堤防に登場し
た新ドレイの三嶋

大堤防ではびっく
りするくらい何も
釣れなかった

静謐な鎌倉の一軒家に出刃包丁を持った男たちが集結した

[コン流アジのさばき方]

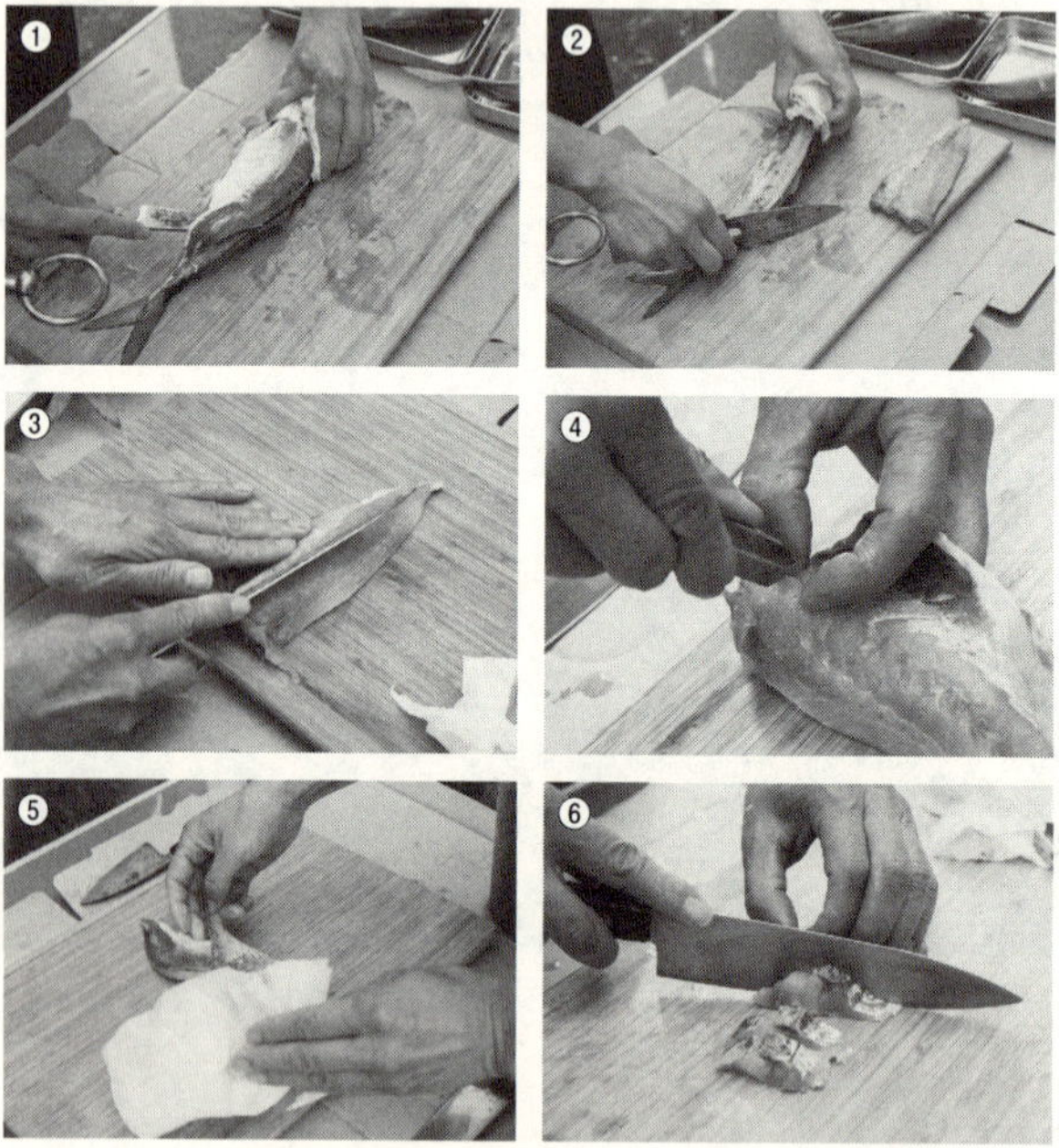

①背と腹から中骨に沿って切る→②尾の方から包丁を入れ身を切り離す→③腹骨を薄くそぎ落とす→④骨抜きで中骨を抜く→⑤皮は手でむく→⑥好みの大きさに切る

コン流さばき方は頭を落とさず、ウロコとゼイゴを取ったら頭の後ろから腹側まで切れ目を入れ、上記①〜⑥の手順でさばいていく。②で切り離した身は内臓などの汚れを一度水で洗い流す。この際、水気をしっかり取るのが大事。皮をむく時は布巾などを使うと滑らない

陸からきっぱり雑魚を釣って今季開幕

うごめく謎の暗緑色の物体

本格的な春がやってきて小川のフナッコだのドジョッコだのと一緒におれたちも喜んでいる。冬のあいだは最近覚えてしまった禁断の「空き家まるごと合宿作戦」が快適で、まあはっきり言うと堕落していた。

厳寒期のあいだは海水も風も冷たいしオサカナもあまりいない。いても釣り人は早朝五時には港を出て凍えて震える手で、やはり凍えてブルブル震えて怒っているイソメの小さな口に針を突き刺すのもけっこう辛い。それによって大物が釣れるなら辛抱もするが、そこまでやってボウズということも珍しくない。それでも雑魚釣り隊なんだから行かなければならない、止めてくれるな、という過激派「釣り部」がいるので、冬季は彼らにまかせて、残りは最近増えてきている海辺の空き家にこもってお茶碗《ちゃわん》洗ったりコメをといだりと釣魚料理の準備をして「わたしら目立たないように主人の帰りを待ちますの」というタイドになっていた。

でも、そういう季節も終わった。プロ野球だって開幕したことだし、我々だっていよいよ開幕キャンプだ、テントだ、焚き火だ——のおれたち本来の秘密基地に帰ってきた。

開幕の場所はやはり伝説の「タクワン浜」（おれたちだけに通用する地名。アホバカカップルの侵入を防ぐため地名を秘す）でいくしかあんめえ、ということになった。とはいえただの海岸なので水場もなく木陰もなくトイレもないから愛は語れるが立ち小便はしにくい。したがって一般のファミリーキャンパーなどもあまりよりつかない。

天候もまずまずのようだ。

「おーし」釣り部部長の岡本は、夕食のおかず確保という使命をもってまずはタチウオを狙って早朝の金沢漁港を出た。釣り部でその岡本と覇を競う海仁はマルイカ、ヤリイカ系を求めて小網代からそれぞれ別に出港した。

海岸の本部はタープを設営したあと、ほぼ半年ぶりにキャンプ道具や常備取りそろえ品をいくつもの大きな箱から引っ張りだしていた。半分ほど残っている半年前の大きなマヨネーズなどが出てくる。

「これまだ使えるかなあ」冷蔵庫ではなく新宿のビルの屋上倉庫にほうりこんだまま半年ぶりに白日の下に現れたらしい。そのほかやはり半分ぐらい残っているケチャップ、カラシ、カタクリコ、へなへなの焼きのり、なんだか正体不明の茶色のかたまり。

ひからびたカサカサのカンナ屑《くず》みたいなやつ。

「マヨネーズはまだ黄色いし、ケチャップは赤いから大丈夫なんじゃないの」

「これはどうかなあ」

誰かが空中にもちあげた瓶詰めはラベルがはがれ、どうも中の物体が暗緑色に光って勝手にうごめいているように見える。瓶のなかのなにかが発酵してそれを養分に成長した巨大微生物（矛盾してるな）の気配もする。

「西澤さんあたりならこんなのでも大丈夫じゃないすかね。夜も更けてきたら彼のそばにソッとおいておけば、おっシオカラじゃねーか、おれコレ大好きなんだ。ウメー。でもなんかこいつら口のなかで動いているような気がするな。なんて言いつつたちまちずるずる全部くっちまいそうじゃないすか」

いろんなことを言いながらとにかく料理がしやすいように台所まわりをかためておく。

ひとり、ケンタロウが浮かない顔をしている。わけを聞くと、大切な待ち人を待っているらしい。日を間違えているのかココがわからないのか、ケータイも出ないしさあ。

プロパン大作戦

　キャンプ料理も我々のように少なくて十五人、多いときは二十人を超える、という大世帯になると、アウトドアショップなどで売っている小さなブタンガスのボンベにつないだオモチャみたいな組み立て式コンロに二〜三人用のコッヘル（鍋）などというのではなにもできない。

　かといって焚き火での料理はよほど薪の多い森のなかか、台風のあとの海岸（流木が沢山打ち上げられている）ぐらいでしか現実性はない。

　そこで我々は以前からプロパンガスを借りてきて中華料理店で見るような大型の三連多穴のコンロをふたつ使いスバヤク大量の海浜料理を作ってきた。

　いつもこのプロパンガスを借りてくる係がケンタロウだった。しかしこの春、冬眠あけにいつもの貸しプロパンガス屋さんに行くと、最近学園祭や祭りなどでプロパンガス関連の事故が相次いでおり、規制がきびしくなってもう借りられない、ということがわかった。でもこいつがないとおれたちみたいな大人数のキャンプでナマモノしか食うことができなくなる。ネコなら文句言わないだろうけど。

そこでこのシリーズのよろず世話人であるケンタロウはガス取り扱いの資格を取得してしまえばいいんじゃないか、と考えた。運転免許とどっちが難しいのか。司法試験よりはやさしいだろう、と彼は言った。

ただ、そんな発言をする段階でもうケンタロウは①プロパン一般常識の筆記試験までもいけないだろうなとも思い、調べてみると、プロパンガスを購入するのに特に資格は必要ない。②行政からの通達で使用場所近くのガス店でガスを充塡《じゅうてん》してもらう必要がある。これはトラブルがあったときなどにすぐにガス店の人がかけつけられるようにするため。③屋内の使用にはボンベのサイズの制限があるが屋外では特にない。④四十リットル（八キロのボンベなら二本）までなら車で持ち運べる。その場合、ボンベがころばないように固定しておかなければならない。⑤ボンベには所有者の名前、住所、電話番号を記入する。

以上をクリアすればいいことがわかった。

そうしてその日、タクワン浜の正式な場所を説明し、近くのガス屋さんに八キロのプロパンボンベとコンロなど一式を届けてもらい、正しい扱いの講習をうけ、プロパンの復活をなによりも心配していた（料理が食えなくなったらもう人生おしまいだ！）天野がプロパン部長に就任したのである。

プロパン装備にかかった費用は全部で約五万円。しかしこれによって我々はどんな岬のはずれでも、さらには鳥もかよわぬ離島へ行く途中で船が沈んでも、イカダを作ってプロパンボンベさえ乗せて上陸すれば料理の最低装備は確保できるのである。

「これで我々の基本的な文化的生活がすべて確立した、ということですな」

雑魚釣り隊の名前入りボンベを抱えて
嬉しそうな天野プロパン部長

「基本的な人権もです」

八キロのボンベをあぐらの膝《ひざ》の上に乗せて「これで焼き肉焼き放題、食い放題だよねえ」と心からしあわせそうな天野。タクワン浜にもおれたちのアタマにも春がきたのだ。

うめーぞー春野菜天ぷらうどん

今回の参加メンバーはすでに紹介した四人のほかに名嘉元、コン、太陽、ベンゴシ、竹田、ウッチー、童夢、京セラ、関西から三本川、ヤブ。それに新人ドレイの「あつを(大原忠)」と、おれとその孫の風太くん。この春小学校を卒業し、春休みを待ってドレイ入隊した。本人のたっての望みだった。総勢十七人。

これだけの人数がいるのにプロの料理人がいない。それを聞いて「初プロパン開きなのにシメシがつかないじゃないか」と、ザコに頼みこんだ。そして夕方からのライブ(彼はミュージシャン)の前にわざわざ二時間かけてキャンプ地に来てくれた。

三浦半島はいまあらゆる野菜がうまい時期だ。途中、山ウド、フキ、マイタケ、ナス、山芋、大葉、を買ってきてくれて、天ぷらうどんの昼飯を作ってくれた。

ゆでたてのうどんの上に揚げたての春野菜天ぷらであるから、これはもうたまりません的なうまさだ。

おれは雑魚釣りキャンプから帰って息子ファミリーの家に行き、海風に吹かれて食うキャンプの食い物がいかにうまいか、ということをよく話していた。孫の風太はそれを聞いていつも目を見張っていた。その願いがかなって、その昼、初の「雑魚釣りうどん」だ。ひと口食べて言ったのは「おかわりしていいの?」だった。「ああ、食えるだけ食っていいぞ」じいちゃんは太っ腹なところをみせる。おれが作っているんじゃないんだけれどね。

このところ雑魚釣り隊は新人が続けざまに入ってくる。新人はみんなドレイだ。今回は関西出身で精密機器メーカーの営業マンをしている「あつを」が新加入。おれの孫と同じ新ドレイだ。あつをは常にクルマを運転しているというからこれから車両部で役にたちそうだ。営業マンだから人との対応も常識的だ。

ひと月前にドレイ入隊した三嶋に「ホントにこの人たちはビールばかり飲んでるぞ。あとは特に何もしないから気をつけろ」と言われたらしい。気をつけろと言われてもあつをも困るだろう。ドレイ頭《がしら》(通称おかしら)の竹田によるとその日あつをは気をつけながら薪拾い、皿洗い、料理手伝いなど見よう見まねでよく働いていたらしい。

さらに天ぷらダネを釣る

午後から陸っぱりに出た。歩いて十分ぐらいのところに手頃な堤防があり、あまり釣り人のライバルもいない。相手にされていないポイントなのか、知られていないのか、まあおれたちにとってはは専属堤防みたいなものだ。そしてこれまでにも西澤が良型のメジナを釣ったことがあり、けっしてあなどれないのだ。

みんなもっとも手軽なチョイ投げやウキ仕掛けでいくことになった。堤防釣りはサビキだとけっこうひんぱんにいろんな小魚がかかって面白いのだが、

なぜか太陽だけギンポが入れ食い

ここは堤防のすぐ先の水底下までコンクリートが延びていて浅いので釣りかたも限られている。開始してすぐ風太の竿がそれなりにしなり、十センチぐらいのメバルがあがってきた。春告魚だ。海風天ぷらうどんといい、釣り一番のりといい、彼にとっては最高のドレイ入隊日和になったようだ。

その後、名嘉元もメバルをあげ、京セラがベラをあげる。太陽が十五センチぐらいのドジョウみたいなのをあげた。サカナにくわしいコンちゃんが「それはギンポだ。背中にトゲがあるからつかんじゃダメだよ。大きくなると三十センチぐらいになる。そいつは天ぷらにするとうまい。天ぷら屋をやっている人のなかには天ぷらになるために生まれてきた魚だ、なんて言う人もいるよ。つまり高級魚だ」

「えっ、こんなのが高級魚！」みんな驚き、ギンポ狙いに切り換える。しかしそのあと太陽だけが連続六匹釣ってギンポ王になった。でも天ぷら名人のザコはもうライブの仕事に行ってしまったのだ。天ぷら、どうする。

マグロは「いなげや」にかぎる

陸っぱり隊がキャンプに戻ると、遠洋漁業に行っていた岡本と海仁が帰ってきていて、公約どおりタチウオとイカが獲物としてクーラーボックスの中にねころんでいた。しかし十七人の底知れぬイブクロを満たすにはちょっとたりない。

　三浦半島のこのアジトにくると、おれは何もしないくせに「マグロだマグロだ」と騒ぎ続ける。三浦半島で釣れるわけじゃないんだけれど、なぜかここで食うととびきりうまいような気がするのだ。

　料理長がいないのでその日は最近「料理のサード」と言われるようになり、あんがい奥深い料理技を見込まれ、めきめき腕をあげている太陽が、自分で釣ってきたギンポを中心にうまい具合にさばいて天ぷらにした。さらにそのギンポの骨せんべいを作り、岡本の釣ってきたタチウオの塩焼きなど手際がよく、みんな目をみはることになった。雑魚釣り隊のメンバーはどこに出しても恥ずかしいのばかりだが、この太陽だけは炊事洗濯なんとかなりそうだ。いい嫁になります。

　マグロそのほか追加のサカナの買い出し組が出た（魚を釣りにきて魚を買いに行くのだ。なかなか堤防からではマグロが釣れないのよ）。ケンタロウの報告。

「最近、全国的に浜付近の『産直水産スーパー』みたいなのができているが、半年凍ってました、というようなマグロを新鮮でうまいですよー、などと並べたりしているから注意が必要です。海仁さんに簡単に見破られていました。むしろ普通のスーパーのほうが安くてうまかったりします。結局、『いなげや』でマグロの中トロを買って帰ってきました」

キャンプ地では十七人分のサケの肴作りに追われている太陽を助けるために竹田が主食としてカレーを作る予定だったが、そのために用意していた豚肉八パックのうち六パックがサケの肴その他のためにすでになくなっていることが判明した。盗み食いの犯人はコン、童夢、太陽。ん？　太陽は臨時のメーンシェフだったのに、料理しながら盗み食いしていたということなのだろうか。あまりいい嫁にはなりません。

竹田怒ってカレーは中止。急遽《きゅうきょ》残りの豚肉と三浦の春キャベツを使ったヤキソバになった。しかしこのヤキソバ、シンプルなだけにかえってうまく、盗賊団の襲撃にあったようにたちまち食いつくされてしまった。キャベツはいっぱい買ってきたので雑魚釣り隊名物、キャベツ丸ごと五個、ズンドー鍋にいれて塩味蒸し焼きを製作。

不思議な組み合わせだがこれにマグロの中トロのブツギリがたいへんよくあって「キャベツは三浦半島。マグロは『いなげや』に限る」ということが判明したのだった。

そのうちに風が冷たくなり、春とは言えど岬のはずれの磯浜は夜には火のぬくもりが恋しくなる。夕方全員で浜のあちこちから流木や枯れ枝を集めてきてあった。新ドレイの二人は今こそ活躍のときである。小学校を卒業したばかりの風太にとって焚き火は魅力のカタマリのようで、ずっと焚き火に薪をくべる仕事をしている。先輩の大人たちに「バランスよく薪をいれろ」「突風に気をつけろ」「煙のゆくえをつかめ」などといろいろ厳しく指導されている。

少年はそういうのが嬉しくてしょうがないようで、いつまでも大人たちと一緒に焚き火のまわりにはりついて、大人たちの釣り自慢の話を聞き、ときどきはぜる火の粉のゆくえなどを見ている。

十二時になったのでテントのなかの寝袋にいれた。歯磨きなどで三分ほどおくれてテントに入ってみると少年はもうシアワセな顔をして深く寝入っていた。

購入したボンベを使った
初料理はザコ料理長特製
「春野菜天ぷらうどん」

おかしら竹田とともにヤキソバを作った新ドレイのあつを（左）

待ち望んだ春到来！　海岸キャンプと焚き火はやっぱり最高だ！

富山ホタルイカうじゃうじゃ騒動

イカが海から湧いてくる

毎年、春から五月頃まで富山の人々はホタルイカ掬《すく》いに熱中するという。

通常は沖合の二百〜六百メートルほどの深いところに棲息《せいそく》している小さなイカだが、この時期産卵のために夜になると浅場まであがってくる。とりわけ常願寺《じょうがんじ》川河口付近から魚津漁港あたりまでが「ホタルイカ群遊海面」と言われているそうだ。群遊海面といったらホタルイカだらけの状態、ということではないか。うーむ。

漁師は定置網を張ってそれらを捕らえるが、定置網以外の場所にもあがってくるから、富山の人々は毎年この時期になると家族連れで大勢海岸にやってくる。いや、人間も湧《わ》いてくる。一番狙える時間は真夜中なので、週末などは泊まり込みにちかい状態で待ち受け、波打ち際にヘッドランプをつけた人々が大勢あつまり、海はキラキラ、天気がいいと空の星もキラキラの、ヨソの土地ではなかなか見られない夏前の風物詩のようになっているという。

この季節、ホタルイカが海岸まで押し寄せる現象は、富山エリアのみで見られる。これだけ大量にあがってくるのは、富山湾がスリバチ状の地形をしているうえに湧《ゆう》昇流《しょうりゅう》（海底から上にあがってくる海流）という、文字を見ただけでも胸騒ぎのする好条件の海だからだ。

とくに「新月」で「大潮」のときは大量にあがってくると言われ、地元の人はこれを「湧く」と表現する。

「イカがあとからあとから湧いてくるんですよお！」

そういう話を聞いてきたケンタロウは、まだ三月というのに「五月はホタルイカです。だから我々はどうしても富山に行かねばなりません。イカネバの娘です。富山です。ホタルイカです」と早くも逆上していた。

最近わかってきたのだが、この男は釣行旅の下準備や連絡などキチンとするが、どんな釣りでも現場に行っていざはじまり！　ということになるとカナキリ声をあげて逆上する。

行くのは五月のＧＷしかない。ホタルイカを見るとジンマシンが出る、というような奴は誰もいないから今回のプランは早々に決まった。

雑魚釣り隊も湧くように集まってくる

参加者は相変わらず多く、今回はGWということもあってか二十人だ。いい若いのが（いやオレなどはいいジジイと言うべきだが）わざわざ太平洋側から日本海側まで移動して富山の浜でキャンプするのだ。参加者の中にはアラスカ在住のマキエイやワシントンDCに住んでいるタカなどもいる。タコじゃないのね。

国内では東京のほかに長野、名古屋、大阪からそれぞれ自分の方法でやってくる奴がいるから、五月のその実行日の少し前から集散交通配車整理（＝誰がいつどこからくるかをしらべてどうグループ化させるか）といういつもの難問があり、これは通常ドレイ頭の竹田が担当することになっている。

二十人のキャンプとなるとただ好きなときにどかどかやってきて自分のテントをそこらに張ればいい、というわけにはいかない。

三日間の自給自足をまかなう共同設備がけっこう大変なのだ。おれたちはこういうコトをもう十数年やっているからさして問題はないが、なにも体験していない二十人が海岸に集まりそいつらの「くう・ねる・のむ・だす」の施設とシステムを作るのはなかなかタイヘンな作業だ。

竹田はいつものように新宿三丁目のアジトに三台のクルマを早朝三時に招集した。この三丁目におれたちの釣り道具、各種タープ（十人は入れる天幕）をいくつか、炊事道具、主食系基本食料、遊戯道具などがあり、それを三台に積み込んだ。

イカが好きで好きでたまらないの！　もういっそ自分がイカになっちゃいたいの！　とわけのわからないことを言っている近藤イカ太郎と、最近メキメキ集団料理の腕をあげているサードコック太陽が乗っているのが「先導一号車」。ケンタロウのクルマにはカメラマンのウッチーが乗る。竹田車にはもっとも新しいドレイの山崎。まずこの六人が早朝三時の新宿を出てひたすら富山にむかった。

関越道、上信越道、北陸道のルートを飛ばし、彼らは道中約四百キロを五時間で走破したらしい。

人生の毎月のクライマックスを雑魚釣り隊の旅と定めて生きている名古屋の天野は、はやるあまりその前日に富山市内のビジネスホテルに泊まり一番乗りを果たしていた。

関西のヤブちゃんもクルマでやってくる。本当は三本川の川野が一緒に乗る筈だったが、多発性全身痛風炎の彼は今回の獲物がホタルイカと聞いて急に嘘の熱病になった。彼が普段肌身離さずもっている「痛風に悪い食物凶悪順ベスト十」という赤革の手帳には、イカはプリン体だらけの劇薬みたいなものだと書いてあったらしい。川野のかわりにその春、奈良に引っ越した阿波踊りのショカツが同乗している。長野からはタコの介が裏街道を通ってひとりでクルマを飛ばしてきた。

「広い海岸。ほどよい草つきの浜辺。付近にいちゃつきコノヤロカップルのテントなど皆無。ビール、サケ、ウイスキー、タカラの缶チューハイどれもうまいです。いひひ」

わがケータイメールに竹田からそのようなふらちな第一報が入った。おれと宍戸、名嘉元、岡本は翌日新幹線で富山にむかう。富山まで二時間八分という。いつの間にか信じがたいほど東京と富山が近くなっていたのだ。

ブラックラーメンで力をつける

おれが着くのは翌日なので、ここからはケンタロウのレポートを元に書いていくことにする。

各地から先乗り隊のめんめんはほとんど同じ時間、朝九時に目的地の海岸に到着していた。長い堤防の先にかなり広々とした海岸が百メートルほどの幅で左右数十キロにわたって広がっている。

晴天になりそうだったが到着してすぐやるべきことはタープを張ること、炊事用のカマドをはじめ調理台などを設置すること。アウトドア雑誌などでは焚き火を使って煮炊きする光景や、手のひらサイズのブタンガスを燃料に、大きくても三〜四人用ぐらいの鍋でチマチマ料理をしている様が写真に載っているが、二十人のオヤジたちの台所となるとそんな程度ではお湯を沸かすことぐらいしかできない。

海浜キャンプというと流木焚き火で料理、というイメージがすぐわくが、焚き火で大鍋や大フライパンの料理を作るのは火力の調整や裸火の上での料理道具のバランスなど案外難しい。そこで我々は十数年前から家庭用プロパンガスをドカンと持ち込み、中華料理店で使っているような大きな三連多穴コンロをふたつ使い、それで料理している。

三日間の集団生活のためにはまずそれらのセッティングを最初にやる。けっこう面倒だが頭数が多いので一時間でほぼ完成した。

それから個人のテントを張る。いろんなメーカー、いろんな国のテントが並ぶのでテント博覧会のような光景になって面白い。

ちょっとした問題が発覚した。このキャンプを誰よりも楽しみにしてもっとも早く先乗りしてビジネスホテルに泊まっていた天野が、この日のために持ってきたアメリカ製高級一戸建てテントをたてようとしたらポールをそっくり忘れてきた、というドジに気がついたのだ。ポールがないと背骨のない脊椎《せきつい》動物みたいなもので使うことはできない。まあぐにゃぐにゃのテント地にくるまって寝る方法もあるが、夜中にヒトに踏んづけられる危険もある。

そこで天野は考え、タープの横にブルーシートを斜めにかけて三角形の雨除《あめよ》けスペースを作り、その中に寝袋をしいて寝る、という完璧なるホームレススタイルをとることにした。

それなら雨が降ってきてもなんとかなるだろうが、強い風が吹いてきたら横吹き抜け状態になる。しかし人の五倍ぐらい暑がりの天野にはそれがかえって快適かもしれない、というこれはおれらの評価だ。

それらのひととおりが片づいても、まだホタルイカ掬いの真夜中時間までまるで暇状態になっている。

「ひるめし食いがてら街に出るか。まずは視察だな。視察で大事なのはひるめし。オレ、誰がなんと言っても富山名物ブラックラーメンが食いたい。誰がなんと言ってもだ！」

イカ太郎の「コン」がイカみたいな目をして叫ぶように言った。ラーメンごときでそんなにイカみたいに両目玉を出っ張らせることもないと思うが、血走り目玉に圧倒されて誰も何とも言わない。一行は街に出た。

富山のブラックラーメンは本当に真っ黒な墨汁みたいなスープの中にラーメンが見え隠れしているものでこれは飯のおかずがわりにして食うといい、とおれはむかし二年がかりで行った「日本全国麺類紀行」の旅で体験している。

「ちょっとしょっぱかったけれどニンニクを大量にいれるとクセになるな。イカとれなかったら明日また来よう」

イカ太郎のコーフンに誰も何も反応しなかった。

そのあと、誰からの発想でもなく自然に魚市場にむかった。誰もはっきりしたことは言わないが、もしホタルイカがやってこなくても市場に行けば……という、これまで全国各地でやってきた「保険的視察」である。

ホタルイカはちゃんとあった。

思いがけず大きい。十センチくらいのものもいる。

「こいつらが必死になって沖の底からやってくるんやなあ。ここにいるのは死んでるのばかりやけど、おれらの狙うのはイキのいいビチビチねえちゃん専門やで」

ヤブちゃんが力強く言う。

イカ湧き上がりの真実

「あのね、今回チーフコックの太陽くん。きみには知っておいてもらいたいんだけど、ここらの人が狙うホタルイカは当然生きているやつだけれど、イキがいいというよりはむしろヘロヘロ状態といっていいんだ」

ケンタロウが急に真顔小声になって言う。

「シャケと同じだよ。雄と雌の違いはあるけどな。ホタルイカはこの時期、浅瀬に産卵にくる。最後の力を振り絞ってやってくるんだ。そうして無事産卵がおわると力つきて、もう半分死んだようになって浜辺に漂ってくる。あとは海底に沈むか、波に乗って浜辺に打ち上げられるか。どっちにしても死しかない。だから浜辺にくるのをホタルイカの『身投げ』という人もいる。実際には浜の砂の上に身を投じるから『身上げ』自殺だな」

イカ太郎コンが付け加える。さすがにイカに詳しい。

「そうするとおれらの狙うイカは死亡寸前ということになるのか」

竹田がズケズケ本当のことを言う。

「まあな」

「あっ、わかった。ホタルイカは波間に漂うときからピカピカ発光していて、掬いあげるとさらにピカッピカッピカッと光るらしいけれど、これつまり最後の命の灯火《ともしび》だな。いまわのきわに自分の人生のことを思いだしてピカピカッと光るんだな」

何時やってきたのか土屋仙人が横っちょから顔をだして言う。この人は仙人と言われるだけあって本当に神出鬼没だ。

「じゃなんすか。おれたちのやろうとしていることは瀕死《ひんし》のヨレヨレイカ掬い、という人間でいえば行き倒れ寸前のやつを網にひっかけてコノヤロ、コノヤロと言いつつ食うと……」

竹田がやや不満顔だ。

「どうしてお前はなにごともそういう意味のない機先を制するような景気の悪いことを言うんだよ。成仏を助ける、という広い考えはないのかい」

仙人がいきなり伝道師みたいな顔になって言った。今にもお線香でもたてそうだ。

海が光るのよお

そのとき何を察知したか太陽とショカツがいきなり浜辺に走っていき、たちまち「ウー」などと唸りながら戻ってきた。

「きてます。浜辺に何匹も転がっています。これがそうでしょう。拾いあげるときまだ生きていてキラッと光りました」

「海のところどころが光っているようにみえます。きっと光りながら接近してきているのです！」

太陽とショカツの手に数匹のホタルイカがのせられている。

「それ！」と言ってそのほかの全員がとるものも取り敢《あ》えず、を絵に描いたように浜辺にむかって走り出した。五月の夜の日本海の水はまだ冷たく、少し沖に行くにはウェーダーという胴付ナガグツを履いていく必要がある。四つ用意されていた。必需品はそれとできるだけ強力なヘッドランプに漂うイカを掬う網。これは昆虫採集の網の目を細かくして深くした、という恰好だ。

夜の海は入っていくとわかるが思った以上に暗い。寄せ波がくると泡に囲まれて何

新人ドレイの山崎は波打ち際を走り回り大活躍した

も見えなくなる。波は結構圧力があり、ウカウカしていると沖に連れていかれてしまい、やがて人間ホタルイカと化して小さく光りながら浮遊してくる可能性もある。

しばらくやっていくとコツがわかってきた。最初は沢山浮遊している海草との区別が難しいが、ホタルイカは海草とは違う動きをしている。

寄せ波がくる短い時間、海の中が見えるうちにイカをさがす。目が慣れてくると簡単に網に入る。一度見つけるとその周囲に沢山いることがあるから網に数匹入っていてもかまわず掬っていくといっぺんで十杯ぐらい捕れる場合もある。

海の中に入っていった竹田、ケンタロウ、太陽がどんどん掬いあげている。ウェーダーのない山崎や内海、ショカツらは波打ち際に「身上げ」してきた投身自殺イカを回収するのにいそがしい。

「やつら打ち上げられると青くピカピカ光ります。まるでココヨ、ココヨ、と言っているみたいで哀れというか可愛いというか」

新人、山崎がたぶん思ったとおりのことを言っている。

「海から打ち上げられたイカは手のひらの上に身を横たえ『産卵してきたばかりなの。疲れているけどもう思い残すことなんてないわ。好きなようにしていいのよ……』と言っているみたいです」

ショカツもだいぶ雑魚釣り隊用語に慣れてきた。

この短い時間だけでざっと合計三百杯。

「大漁です。たいへんです。海はイカだらけです」

その夜一時頃おかしら竹田からおれのメールにそのような短文がトンデキた。

空と海が美しい海岸で無事にキャンプの設営が完了

ヘッドライトで海面を照らすが最初はなかなか見つからない

浜辺に打ち上げられたホタルイカ。多い日は波打ち際に青い線ができるという

「海の宝石」とも言われるホタルイカの捕獲に成功した男たち

「毒味だ！」と、とりたてをボイル。まずいわけがない

続　富山ホタルイカうじゃうじゃ騒動

わあ！　食べるのは忙しすぎる

できたてプリンプリンが待っていた

前回の続きである。

最初七年ぐらい『つり丸』という「つり専門誌」にその行状記を連載としてずっと書いてきたが、途中でリストラにあい、この『週刊ポスト』に移籍してきた。そうして数えてみたら通算もうじき十一年だ。

釣り話というのはバショウカジキとかクロマグロなどの大型魚奮闘釣魚記が殆どだから、通常三〜四センチの磯雑魚（それも毒入り）ぐらいしか釣れないおれたちのアホ話をよくもこうして載せ続けてくれているものだと不思議な感謝にたえない。

まあ、でもときどきマグロだのカンパチだののを釣ることはある。が、それにはたいてい船を仕立てて沖に出なければならない。まあ言いたいことは、おれたちは雑魚釣り隊だからそこらの堤防からコマイ魚をヒッカケて浜鍋のダシがとれるんならそれで十分ですわ、というシロウト釣魚《ちょうぎょ》界にあるべき「謙虚」な姿勢が多くのシロウト釣り人の優越感を満たし、支持されているのだろう、と勝手に解釈している。

本隊が前日入りしてホタルイカ大漁！　浜辺はピカピカピチピチもう大変でっせ、

というコーフンの伝わる連絡をうけて後発新幹線のオレ、宍戸、名嘉元、岡本は北陸の海を目指していた。その車中でトイレ帰りらしいおっさんに声をかけられた。

「あの、失礼ですが……」

三十五年もモノカキ仕事をやってきていると、ときどき読者にそんなふうに声をかけられることがある。またその類《たぐい》かと思ったら「雑魚釣り隊の方ですよね。知ってますよ」と意外なことを言われた。浜辺や堤防でそんなふうに声をかけられることはあっても新幹線の中というのは初めてだ。

「今度は富山ですか」

「ええ。はじめての富山遠征です」

「嬉しいなあ。いっぱい釣ってくださ い」

地元が富山の人らしく気持ちのいい会話だった。

駅には偶然マキエイがいた。アラスカからやってきたばかりという。迎えにきていた仲間のクルマにおれたち全員乗ってたちまちベースキャンプに到着した。

もうテントが十張り以上あり、厨房テントからいい匂いがする。我々の到着によって大半が揃ったんだろうな、と思ったらまだこれからやってくる連中がいるという。相変わらず夕暮れになってくるとメンツが増えてくるヤブカみたいな集団なのだ。

いい匂いの源はおかしら竹田の作るホタルイカを具にした大量ヤキソバとコンちゃんが作っている釜あげにしたホタルイカをシオとしょうが醬油にまぶしたもので、「すぐさま食ってくれ。ビール飲んでくれ」という素直、純情な肴だ。

空腹だった新幹線組は匂いに我を失ってそこらのバケツやボウルを蹴飛ばすイキオイでそれらに突進する。新鮮なホタルイカは熱を通してプリンプリンになっている。「うんめいよう！」「タハタハ」「ああもう死んでもいいい」。ずいぶん簡単に命を投げ出す奴もいる。我々が到着して五分もたたないうちの出来事である。

「キミたち本当にこんなにとれたんだ」

宍戸が少し腹がおさまったか一息いれて言う。

「昨夜はとりほうだいでした。でも毎日というわけではないようです。今夜は地元の人に聞くとどうもあんばいは悪いらしく、勝負は明日の夜らしいです」

「そうか。うーん。じゃビール」

おちついて見回すとタコの介や土屋仙人の顔があるので懐かしかった。新ドレイの三嶋や山崎はいかにも機敏に動き回っている。ワシントンからきたタカの姿も見える。

厨房の隣に缶ビールの空き缶の入ったゴミ袋があり、そのなかの空き缶は二百缶はありそうだ。

「イカのプリプリ揚げとか一夜干しにビールがあうんですよお」太陽が言う。かれは今回メーンコックが不参加のため主力料理人という三階級昇格待遇らしい。

雑魚釣り隊の基本のような釣り

少し雨が降っている。ホタルイカがやってくるのは夜なので、それぞれテントを設営してしまうとなにやることはない。

そこで雑魚釣り隊「釣り部」の岡本部長が「行くぞ!」と言った。正しい行動に気がついたのである。

宍戸、名嘉元、太陽、京セラ、山崎がすぐに岡本のあとについていった。近くの四方《よかた》漁港でクロダイ、スズキなどそこそこ大きいのがいろいろ釣れるそうだ。ホタルイカを狙ってやってきているらしい。

「クロダイといったらおれにまかせてもらいたい。奄美《あまみ》ででっかいの釣ったの忘れてないだろうな」名嘉元が言う。

「いやいや、大物といったらおれにまかせてくれよ。台湾遠征のときの大きなマグロを忘れてはいないだろうな」と宍戸。

釣りをやる前は各自何を自慢しても自由だ。漁港に到着すると各自競争するように竿を出した。岡本部長はいつものようにルアーを投げる。太陽、京セラ、山崎はチョイ投げ。宍戸は大物狙いのぶっこみで、名嘉元はウキ釣りと各自思い思いの作戦だ。

しかし開始して一時間、誰の竿もピクリともしない、といういつもの状態になった。最初にアタリがあったのは新人、山崎で「あっなにかきました」と叫ぶ。全員注目。ビギナーズラックっていうの本当にあるからなあ。山崎の竿の先にぶらさがっていたのはクサフグだった。雑魚中の雑魚。雑魚の代表。食ったらすぐさま死ぬ、という奴だ。

しかし考えようによってはこういう雑魚が我々の象徴、というか本命というか。

続いて太陽が「あっぴくぴくきた！」

「おっ」とみんな注目する。

太陽の竿の先にぶらさがっていたのは小さなハオコゼだ。背びれに毒がある。これもまあ純粋雑魚一族だ。宍戸がさらにハオコゼをあげた頃、雨が強くなってきておしまい、となった。

キャンプ地に戻るとタープの下で小さな焚き火がおこされマキエイ、土屋仙人、タコの介が酒を飲みながら頭を突き合わせ何か話している。すぐに宍戸、名嘉元も加わり「長老会議」の様相になった。あとの連中は買い物に行ったりテントの中でヒルネしたりしているらしい。ホタルイカは真夜中の勝負だから昼間はとにかく何もすることがないのだ。

アギジャビヨーを食う

そうこうしているうちに晩飯を作らなければならない時間になった。正確にはわからないが、たぶんもう二十人は集まっていることだろう。

東京を出る前からその日の晩飯は名嘉元のアヒージョと決まっていた。これはこの隊のチーフコックのザコが本場ものを作るのを見た名嘉元が「これがアギージョかあ。だいたいわかったさあ。これなら作れるさあ」と断言したからだ。新宿の沖縄居酒屋経営者だから料理の腕前はクロウトの筈だ。ただし「アヒージョ」とは絶対覚えられず「アギージョ」になってしまう。彼の口癖は沖縄人のスーパー万能語「アギジャビヨー」（びっくり、あれま、すげえ、まいった等の万能対応語）で、そこから抜け出せないのだ。

「じゃおれがいまからアギージョを作るからな。オリーブオイルとニンニク、アンチヨビをフライパンにいれて熱くしホタルイカをどさっといれるのさあ」

たちまちいい匂いがただよってきて全員「もうたまりません状態」となった。

できたそれを薄切りにしたフランスパンにのせて食う。

まわりをとりかこむおれたちのホームレス顔やその服装と目の前の料理が似合わないことはなはだしいが、うまいんだからしょうがない。

「よく冷えたシャンパンがないかね」

タコの介が言う。あるわけない。

「よく冷えた缶チューハイならありますけど」

ショカツが言う。それだけでは足りない、とわかってきたので続いてコンちゃんが「ホタルイカとキャベツの和風ペペロンチーノ、鷹《たか》のツメを添えて」というのを素早く作った。

「赤ワインないの？」

宍戸が言う。

「ありません。泡盛四十五度ならあります」

おかしら竹田が事務的に言う。

こういう飯がきっかけになって、またタープの下は大衆居酒屋状態になっていった。

タープの下で焚き火を囲みながらの
「長老会議」は昼から深夜まで続いた

真夜中までの時間が長い。雨のなかを風が吹きつけるようになってきた。タープの下の大衆酒場がワサワサ揺れている。

コンちゃんの叫び声

結果的にはその日の夜は地元の人が言うとおりぜんぜん駄目だった。みんな飲んでいるしかない。マキエイと宍戸がすんごいペースで飲んでいる。そこにタコの介がからむが何を言ってんだかそばにいてもよくわからない。

「アヒャー!」

少し先の闇のなかで誰かの喚声《かんせい》だか悲鳴だか、いずれにしても普通じゃない叫び声がする。数人が走っていくとコンちゃんがモノノケに憑《つ》かれたようにフラフラ走り回っている。

「何がどうしたんですか？」

ドレイらが聞いている。

「おれのおれのテントがないんだ。昨夜たててそこに寝て、さっき数時間前に見たときはあったんだけど、それがないんだ」

「テントドロボウなんて聞いたことないよなあ」

「テント張った場所、根本的に間違えてんじゃないの」

「ペグ（テントをとめる土クギ）ちゃんと打ってあった？」

みんないろいろなことを言う。

「誰かいたずらでペグだけ抜いちゃったのかもしれないなあ」

「あっ、誰だそいつは」コンちゃんいきなりイキリたつがすぐに黙った。そういうセコイいたずらをするのはコンちゃんぐらいしか考えられない、ということに自分で気がついたらしい。

結果的に海まで強力ライトを持って見にいっていたウッチーが波間にコンちゃんのテントがプカプカしているのを発見した。

みんなで引き揚げる。テントの中にあったものは当然全て水びたし。シュラフ、衣服、充電式の海中電灯、ＬＥＤの強力ライト、このキャンプの生活用品全部。

それらを浜に引き揚げたけれど、憔悴《しょうすい》したコンは誰に怒りをぶつけるわけにもいかず、沖から吹いてくる風に小さな声で「バカめ」と言ったあとそのままふてくされて自分のクルマの中にもぐり込んでいった。

その夜はホタルイカ狩猟はない、ということになったので夜遅くまで焚き火を囲んで飲んでいた者、早めにテントに入って寝てしまった者とさまざまだった。

カキアゲ無しうどん

翌日、みんなが動きだしたのは昼頃だった。よく晴れていた。

「さっきトイレに行ったら驚きました。昨日はポツポツとしか見なかったクルマが海岸べりの空き地にずらっと並んでいるんです。みんなホタルイカめあてらしい。地元の人は知っているんです。今日は新月で大潮。必ずやってくる……と」

ケンタロウが報告している。

昨夜の強風でショカツや宍戸のテントもポールがひんまがったりペグが飛んだりしていたらしい。ショカツテントなどは中にショカツ本人が入って寝ているときに浜辺をコロコロころがってヤブちゃんのテントにぶつかって停止したらしい。ヤブちゃんのテントがなければショカツはテントごと海にコロコロ入っていったのに、ああもうちょっとだったのに……。とみんなに残念がられた。

その日の昼飯は名嘉元のカキアゲうどんということだったが、カキアゲが見あたらない。仕方なく五、六人で単なる「冷やし素うどん」を食った。しかしさっぱりしてうまい。そのあとカキアゲだけが出てきた。あとで食った奴は「冷やしカキアゲうどんサイコー！」などと言っている。

なんで最初の人々にはカキアゲが無かったんだ。おれたちは名嘉元に怒った。

「なんでかねー。材料が間に合わなかったからそんなものはできなかったのさー」

うじゃうじゃのなかで

夜は波打ち際でマキエイやタコの介を中心に大々的な焚き火宴会が開かれていた。

マキエイは朝から飲んでいたからもうへべレケをとおりこしているが、焚き火のそばによろけながら立ってギターでデタラメの歌をずっとやっている。うるさいのなんの。

ホタルイカ掬いに挑む隊長と、なぜかギター を持って歌いながら海に入ったマキエイ

そこに偵察に行ったウッチーが「きましたあ。きました！　ホタルイカですよ！」と叫んでテント村を走り回る。

おれもすばやくウェーダーを着て夜の海に入っていった。まわりを見回すとずっと海岸沿いから海のなかまで海中電灯やヘッドランプのあかりがひろがっている。ざっと横に一キロ。

岸ぞいにはいろんなクルマがぎっしり止められていて、たいへんなことになっているらしい。

家族連れが多いようだ。海のなかは真っ暗でけっこう圧力のある波が繰り返し押し寄せてきて、大人でもちょっと深みにいくと波に翻弄される。家族連れなど親が夢中になっていて子供が波にさらわれてしまうとライトを持っていない子供はたちまち行方不明だろう。

海中はライトの光の中に沢山の藻のきれっぱしが浮遊し、そのなかで藻とは違う動きをしているものを見つけなければいけない。網で掬うと青い光が一瞬ともる。確かに一パイ見つけるとまわりに何バイかいる。

なるほどこれは面白いけれどキリがないような気もする。三嶋、山崎などは裸足で海岸を走り回りけっこうたくさんものにしている。掬うのと拾うのとこういうイカとりもあるのだ、ということを知っただけで楽しい体験だった。食い物としての数とりはワカイモンにまかせよう。

気がつくとおれの後ろにマキエイがギターをかかえて立っていてデタラメの「ホタルイカブルース」というのをやっていた。まわりにいる地元のヒトがおれたちからじわじわ離れていくのがわかる。その夜の成果は五百杯ぐらいだった。明日もイカづくし、豊饒《ほうじょう》の三食になりそうだ。

（地元案内そのほか廣川《ひろかわ》まさきさんに感謝します）

ワラワラと湧くように
富山に集まってきた雑
魚釣り隊メンバーたち

強風の夜が明けた海岸に無惨に
も放置されたコンの水没テント

自作の「アギージ
ョ」をパンにのせ
満足気な名嘉元

懲りないわしらの八丈島逆転勝負

新造船「橘丸」で幸先のいい船出

八丈島の腕っこき漁師、山下和秀から電話があった。彼とはそろそろ四十年ほどのつきあいになる。

「島にきなよ。キツネがとれてるぞう」

キツネといってもアブラアゲ大好きのコンコン狐《きつね》ではない。ハガツオである。カツオだけどマグロの中トロ味でヒトを騙す、というのでキツネと呼ばれているのだ。漁師はもちろんのこと、そのことを知っている釣り人もみんな自分らで食ってしまい、島はおろか内地の魚屋に並ぶことはほとんどない。シロウトの我々にはそいつがたくさんやってきている今の季節ぐらいしか釣るチャンスはない。

さっそく「雑魚釣り隊」の幹部らに連絡した。

「おーい。次は八丈島だぞ」

「おっ、いいすねえ」

という景気のいい返事がかえってくると思ったら「えっ？　マジすかあ」「またもやですかあ」「懲りないですねえ」

どうも反応が悪い。

キツネじゃないけど我々の仲間のコンちゃんが解説してくれた。その話を聞いてやっといろいろ思いだした。知り合いの沢山いる八丈島だから、おれ単独ではこれまでたぶん五十回以上行っているが「雑魚釣り隊」としての遠征は過去四回である。

一回目はキャンプ用具と釣り道具を先に船で送ったら二日間の欠航、飛行機で行ったおれたちは道具なし。釣りができたのは帰る日の二時間。そのときは買ったばかりの一万円の竿をおれは二本ほどボキボキ折ってムロアジ四匹釣っただけ。一匹五千円のアジだあ。

二回目はシケが続いていて、邪道ウツボ釣りに挑んだがあんなものでなんとボウズ。ウツボにまでバカにされてしまったのだった。

三回目は藍《あい》ケ江《え》で竿を出したが名嘉元がムロアジ一匹釣っておしまい。

四回目は魚影が濃いと言われている八丈小島まで釣り船で行ったが岡本がルアーで小型のカンパチを釣っておしまい。

どれもまだ水の冷たい春だったので仕方ないんですがネ、と長いこと釣り専門誌の記者をしていて海と釣りをよく知るコンちゃんは敗因を語るが。

「でもハガツオが入れ食いだってよ。それから生き餌のイカを使うとでっかいカンパチがじゃんじゃん釣れているらしいよ。季節もいい。今がチャンスらしいぞ」

毎度ながら行く前というのはいつもこういう景気のいい話の展開になる。

でもって六月二日、西澤、ヒロシ、コン、岡本、ザコ、竹田、似田貝、タカ、ウッチー、ダイスケ、ドウム、ケンタロウ、三嶋の主力部隊が竹芝桟橋の乗船待合室に集まった。タカはアメリカからの参加だ。

八丈島行きの船は黄色い船体もかっこいい「橘丸《たちばなまる》」という新造船だった。かつて「東京湾の女王」と呼ばれた東海汽船の名船の名を引き継いだという。なにやら今度こそ期待を抱かせるスタート展開ではないか。

船室もいままでのような畳敷きの大広間ふうというものではなく、機能的なマットレス型のベッドが壁際に並んで設置され、清潔でいい眠りを得られそうだ。

見送りに名古屋から天野が来ていた。彼も八丈島に行くメンバーなのだが、船を目にしただけで船酔いしてしまうという特殊体質なので、みんなを見送って翌日飛行機で追いかけるという。

「コラ！　おれたちと一緒にきちまえ」

西澤が無意味に怒って言う。

「いえ、ぼくはこれから東京の街に出て三軒ぐらいハシゴして肉をゆっくり食ってホテルでゆっくり休んで明日ヒコーキで行きます」

天野は尾をふりながら言う。焼き肉がアタマにちらつくと、嬉しいのでつい尾をふってしまう癖があるのだ。雑魚釣り隊はいろいろ変わったやつがいるので気にしていると前に進まない。

夜の竹芝桟橋から東海汽船の「橘丸」に乗り込む

出航して船がまだ東京湾にいるうちに今回一番張り切っている岡本が背負ってきた重い荷物をひらき、リールのセッティングをはじめた。

「八丈島のカンパチは大物ばかりだから生半可な気持ちで闘いに挑んではいけないんだ」

そう言って岡本はまず六個のリールのイトを巻き直し、ルアーの点検。どさっといろんな形のルアーが出てくる。その重さ全部で二十五キロというからまわりで酒盛りしていた他の雑魚釣り連中は驚く。

「バリ島遠征のときを思いだすなあ。この本気さを見ているとまったく釣れる気がしないんだよなあ」

西澤が不吉なことを言う。

藍ヶ江港の衝撃

翌朝八時半、橘丸は底土《そこど》港にゆったり到着した。港には山下和秀が待っていた。「島に来てくれる人にはよオ、こうやって出迎えるのが礼儀だろう」この漁師は口は乱暴だが実に親切で人なつっこい笑顔を見せてくれる。以下カズさんと書いていくことにする。

キャンプ場は港のすぐ近くだった。すでにカズさんが大量の薪やプロパンガスを用意してくれていた。

テントを張ったり炊事場のセッティングなどをしているうちに料理長のザコが食材の偵察を兼ねて近くのスーパーに行き、全員の朝昼兼用の「島寿司《しまずし》」を買ってきてくれた。この島寿司というのはカンパチ、メダイ、ムロアジなどを「づけ」にしてワサビではなく洋カラシが具の裏にしこんである。これがツンとして酢めしによくあい実にうまいのだ。

「ウメーー!」

八丈島が初めて、という奴がみんな唸っている。

隊長の四十年来の親友・カズさん（前列右から二人目）に呼ばれ八丈島にやってきた。今度こそ釣れるのか!?

島もキャンプも初めてという似田貝は「テントをうまく張れなくて、みんな忙しいからどうしたらいいのか、このまま帰りたくなってましたけど、コレ食ったら勇気が湧いてきました。テント張れなくて寝られなくてももう大丈夫です」

彼は「しろめしおかわりくん」と呼ばれていて、白いご飯がいっぱい入ったチャワンを片手に、いろんなおかずで何杯でもごはんをおかわりできる。間もなくヒコーキでくるだろう天野は「マンガ盛りくん」と呼ばれている。マンガによくあるようなご飯を丼にチョモランマみたいに山盛りにしたものを五杯ぐらいは楽々食うことができる。そういう大食いの元祖が「ヒロシ」で、いまは結婚して子供が生まれたから少し力は落ちたがその気になれば「一升チャーハン」を食うという実力者だ。

なにかこの集団は満腹神経がマヒしている者の含有率が異常に高いような気がしてならないが、今回はこのトップ三者が揃ったのだから何かたいへんなことがおきそうな不安がある。

「おーし、釣りだ。釣りに行こう。おれの太竿はよう、島でこそ輝くんだよ。さあ行くぞ」

西澤が叫ぶ。ケンタロウと京セラが同行した。そのとき京セラが真っ先に主張した。

「藍ヶ江がいいです」

「へえ、おめえあそこ知ってんのか？」

「ええまあ……」

曖昧《あいまい》な返事がかえってきた。でもきれいな港なので異論はない。数年前、ムロアジ一匹しか釣れなかった噂のところだが。島人らしい年配の先客が一人いた。

「釣れてますか？」

「まあね。キツネぐらいだよ」

「ええ！」

キツネがこんな堤防で釣れるなんて。実際にクーラーのなかの実物を見なければにわかには信じられない話だった。

三人いきなり焦って釣りの支度をするが、先客の釣り人が聞いた。

「あんたら、ムロアジ持ってんのかい？」

「いや、今朝、島に着いたばかりなんで」

「ムロアジを生き餌にしないとキツネは難しいよ」

「じゃ、まずここでムロを狙います」

「ここには今ムロはいないよ。坂下のムロが回遊している神湊《かみなと》あたりの堤防に行ってムロアジを釣ってからの話だよ。順番があるんだよ」

そこまで言われると無駄に竿を出しているわけにもいかなくなる。

八丈島は瓢簞《ひょうたん》型をしており、くびれのところに大きな坂がある。その坂の上のほうを坂上、下側を坂下と地元の人は言う。坂下のほうに我々のキャンプ地があり、規模の大きな良港がいくつかあった。

京セラの変身もしくは謀叛

ではまずムロアジを釣りに行こう、ということになった。

「あの親父の言っていた神湊だな」

西澤がはやる気持ちムキダシで言う。そのとき一番歳下のドレイでいつもおとなしい京セラが、またもや大きな声で「いや、神湊じゃなくて八重根《やえね》港がいいと思います」と力強く言った。いつも声が小さい、と上のものに怒られているのだがそのときは主張もはっきりしているし、声も大きかった。

西澤もケンタロウもびっくりした。

「ん？　どうしてそっちがいいと言える？」

二人が真剣に聞く。

「実はぼくは雑魚釣り隊に入ってから一人で八丈島には何度もきていていろんな釣り体験をしているんです。そして八重根港で釣れなかったことは一度もありません。だから間違いありません！」

そういえばその午前中、ケンタロウは京セラを連れて釣り具屋に行ったときに、彼が道やスーパーなど妙に詳しかったことを不思議に思ったと言っている。もともと言葉すくなの青年だったし、釣りに目覚めて釣り人のあこがれの島でもあるここに通っていてもそのことをあまり吹聴《ふいちょう》していなかった——ということもあり得る、とケンタロウと西澤は解釈した。そして三人は八重根港にむかった。

こまかい展開は省略するとして、結論を言うと八重根ではまるで何も釣れなかった。唯一、西澤が、思えば雑魚の王様ともいうべき大きなイシガキフグ（ハリセンボン＝沖縄ではアバサー）を釣った。カンパチやムロアジを狙っていた西澤は逆上してそのアバサーを海に蹴飛ばしてしまった。

ムロアジがざっと六十匹

おれはその日の午後の飛行機で東京から島にむかっていた。同じ便に大阪からやっ

てきたヤブちゃんがいる。

空港にはカズさんが迎えにきていた。昨年おれたちは八丈島から出る連絡船で青ヶ島に行き、シケにあって帰ることができなくなった。島に閉じ込められたときに、ほんのちょっとした低気圧のスキをついてカズさんが欠航寸前の連絡船を青ヶ島まで出すよう働きかけてくれておれたちが脱出できた経緯がある。カズはそういう奴なのだ。すぐにみんなのいる神湊に連れていってくれた。堤防には沢山の釣り人がいた。もちろん雑魚釣り隊の顔ぶれも殆どいる。結局ここに流れてきた西澤の顔もあった。京セラが冴《さ》えない顔だ。小サバが釣れているようだった。

小サバは数が釣れると唐揚げにしていいビールの肴になる。おれもすぐに竿を出した。薄雲がひろがっていたが、暑くもなくいい日だ。しかし「雑魚釣り隊釣り部」の岡本部長やコンなどの顔が見えない。

ケンタロウに聞くと、岡本を隊長にコン、ザコ、ドウムの四人で午前中から釣り船をチャーターし、大物カンパチを狙っておれたちのいう「遠洋漁業」に出たという。

天野とタカは「タケノコ」とりに山にむかったという。なぜだか知らないがおじいさんは海にカンパチとりに、おばあさんは山にタケノコとりに、の日本むかしばなしみたいなことになっている。

そのうちに仲間の誰かが「きたあ！」と叫んだ。銀色に光る三十センチ以上はあるムロアジがバシャッと上がってきた。

似田貝がそれを見て「あっ、サカナが釣れてる。本当にオサカナがいるんですね」とわけのわからないことを言っている。

ダイスケ、ウッチー、三嶋、そしてうなだれていた京セラにもムロアジはきた。おれがいいかげんに出していた竿にもきた。ついにムロアジが回遊してきたのだ。だいぶコマセを撒きまくっているから餌なしのサビキでじゃんじゃん釣れる。こうなると堤防釣りも面白い。いまこそ数年前の一万円竿二本ポキリの仇《かたき》を討たねば。

夢中になっていると太陽が今回の特別ゲストを案内してやってきた。東京のＯＬ二人組である。雑魚釣り隊の空前絶後の招待客であった。本当に考えてみると三十年前の「怪しい探検隊」からいつもおれは同じような連中と徒党を組み、いろんなところへ行って焚き火キャンプをしてきたが、常に女人禁制で、女性がまじったことはただの一度もない。今回がはじめてなのだ。

それにはわけがある。昨年、雑魚釣り隊結成十年を記念しておれたちのアジト（主に居酒屋）が五店ほど固まっている新宿三丁目とその界隈《かいわい》を舞台に「読者参加感謝祭」というものを開催した。各店でいろんな「おれたち料理」（キャンプで作ってい

るものあれこれ）をふるまい、歌あり落語あり人生相談ありという、一日中酔っぱらってのイベントだった。二百三十人がやってきた。そのときに「雑魚釣り検定」というものがあり、なんとそんなものに三十人が参加した。そのときの一位だった女性をご褒美《ほうび》としておれたちの島キャンプにご招待したのだった。優勝の奈良さんは一人ではココロ細いといって友達の日置さんを同行した。その両人が堤防にやってきたときがまさに狂乱のムロアジ入れ食い状態だったのだ。

すぐにアテンド役の太陽がＯＬ二人に竿を持たせる。

まるで仕込んだようなタイミングのよさで奈良さんがたちまち三十センチぐらいのムロを釣り上げた。同行した友人の日置さんも一分後に釣っていた。聞けば二人とも釣りは初めてで、しかも自分でオサカナを釣りあげたのも初めてという。

いっぽう八重根でだめだった西澤は堤防の端で京セラの首をしめ「このやろう、どうなってんだ」と怒っている。

「うぐぐ。でも今八重根に行けばむこうのほうだって入れ食いで……」

京セラもけっこうしぶとい。

女性の客人がそれぞれ三〜四本釣ったところで「みなさんが気合をいれてくれたおかげでもうクーラーの中はムロアジでいっぱいです。ざっと六十匹はいるでしょう。

これ以上は食い切れません。そろそろ帰り支度をしてください」ケンタロウが叫んでいる。

ムロアジは本当にうまいのだが「足がはやい」（悪くなりやすい）のでとったらその日のうちに刺し身やほかの料理にして食ってしまうほうがいい。島で一番うまい（シーナ談）クサヤはこのムロなのだ。トビウオのクサヤが上品でいい、などと言う奴もいるがクサヤに上品も下品もあるものか。しかし、今夜の宴会は刺し身がいいだろう。

そういえば遠洋漁業に行った岡本部隊はどうなっているのだろう。

でっかいアバサーに不満顔の
西澤。食えばうまいのに……

港近くにある「底土野
営場」は開放感あふれ
る美しいキャンプ場だ

豪快に良型ムロアジを
ぶっこ抜いた隊長

「雑魚釣り検定」優勝
者の奈良さん（上）と
友人の日置さん（下）。
雑魚釣り隊の歴史上初
の女性参加者だ

続　懲りないわしらの八丈島逆転勝負

八丈島マボロシの「キツネ」を仕留めた

なぜ居酒屋のクサヤはまずいのか

八丈島キャンプ旅の続きである。キャンプ場は島が最近作ったらしく、丸い多角形（丸い多角ってなんだ）をしたきれいな芝生のキャンプ地が三方向に広がっており、我々のほかに学生男女のテント集団と、ひとつだけある大きな休憩舎にはカップルが確実にいるらしいのだが、一向に姿をあらわさない。

「なんか日本的なヤバイものをやってんじゃないか」

はるばるワシントンＤＣからいつもやってくるタカが言った。

「ヤバイものって何だよ」

ケンタロウが聞く。

「ラリパッパナマコの丸干しとかさ」

「そんなものどうする」

「男女二人で齧《かじ》りまくるとか」

「それでどうなる？」

「なんかヤバそうじゃないの。ナマコなんだからさあ」

「おまえ、わざわざアメリカからきて、美しい海を前にそんなコト考えてんのか」

「ときどきだよ」

二人がいつものように不毛の会話をしているうちに、頼りになる料理長のザコが遠洋漁業からまだ帰ってこないので、このところめきめきザコ直伝の「なんでもこい料理」の腕をあげている太陽が獲物のムロアジを使っていろんな料理を作りはじめていた。

最近は海べりにきてただもうビールをぐびぐび飲んでいるだけではなく、材料をあてがわれ、それなら自分もできる、と思った仕事はドレイらが進んでやるようになってきた。まして今回は「あやしい探検隊」から「怪しい雑魚釣り隊」まで三十年になるわしらの焚き火キャンプに前代未聞、東京のＯＬが二人も加わっているから、ふだんの殺伐とした「こらあクソッたれ」とか「はやくしやがれ」などといった罵声は潮騒の彼方《かなた》に消え、「そのアジの下半身はぜひぼくが洗います」なんて言うしおらしい声がきこえる。「魚を洗うのに上半身とか下半身なんて区分があるのかしら」「下半身の始末はドレイの仕事です。とくにイカ、タコ系は下半身が嚙みついてきますから」

ドレイの京セラが言う。

たしかにサカサにしたスルメイカなんかの八本の足のあいだにあるギザギザ口はエ

イリアンの第二の口みたいで、下手に扱うと本当に嚙みつかれる。胞子が飛んできて稀《まれ》に男でも腹にスルメイカの子供を宿す。腹を破って生まれると「イカ太郎」となり「イカさん命」のコンちゃんのようになる。

おれは芝生に円座を組んだ快適なデッキチェアに座って、島の朋友である漁師、山下和秀（カズさん）とタカラの焼酎《しょうちゅう》ハイボールを飲みながら、昔話のあいまにクサヤの焼けるのを待っていた。

我々はクサヤの焼き方にはやたらこだわっている。前にも書いたかもしれないけれど、東京、というか都会の店では「サケの肴の王者」であるムロアジのクサヤのうまいのをまず食ったためしがない。

なぜならそういうものをいっちょまえに

朋友二人の会話は思い出話なのかクサヤの焼き方についてなのか

店に出す料理人の大半は伊豆諸島のムロアジのクサヤを本当にうまく焼いたやつを食ってもいなければ、修業で焼いた奴もいないからだ。みんなアジの干物の親戚と思ってカリカリに焼いてしまう。それじゃうまいわけはない。

本日のクサヤの焼き係は天野だった。おれとカズさんが「しくじったらコロス」などと言っていたから、緊張のあまり手元が震え一回目はあんのじょう焼きすぎだった。

「こんなモノ八丈島のネコなら小便ひっかけて跨《また》いでいくだけじゃ」

カズさんの強烈なゲキがとぶ。天野ますます緊張し、自分がかわりに半ナマに焼けて登場したいような顔をしている。

ほかの連中は大漁のムロアジさばきに集中しはじめた。アジぐらいの魚はもうたいていの奴が手際よくさばけるようになっている。そのあとの今夜の料理は何にするかは不明。遠洋漁業に出た料理長のザコがまだ帰ってこないので、厨房にリーダーがいないのだ。

西澤、ハリセンボンの罪で遠島

まずはムロの刺し身。そのうちの何割かはヅケになる。ゲストである都会OLの二人はなんと難度の高い「なめろう」の製作チームに入っていた。

おれとカズさんは芝生の上のデッキチェアに座って焼酎ハイボールをずっとグビグビやっている。そのうちようやく天野がクサヤ焼きのコツを得て、カズさんから「ようし、これで上等！　お前をクサヤ王子にする」というお許しが出た。

クサヤは普通の魚の干物の焼きかた（海は「身」から川は「皮」から）とちがって逆。背のほうから焼く。腹側はホカホカする程度でいい。焼き上がったそれを両手で掴《つか》み、半分に割るとほわっと湯気があがる。まだ半分ぐらい生っぽい感じだが、これぐらいが顔面崩壊級にうまいのだ。新米ドレイで厨房ではウロウロするしかやることのないドレイの似田貝がこれを箸《はし》でほじって食べようとしているのでおれは怒った。

「ばかものめ。箸など捨てろ。クサヤの両端を両手でしっかり握ってそのままこうして二つ割りにしてかぶりついて食うんだよ。ソフトクリームを食うときの感覚だな」

おれはどんどん怒る。

「え？　ソフトクリームのようにれすか」

似田貝、目をシロクロさせて白黒貝になっている。意味わかりませんな。

おれとカズさんがことクサヤに関してあまりにもやかましいものだから、厨房でおれとカズさんをひそかに「クサヤじじい」と呼んでいるのが聞こえてきた。あらゆるサケの肴でクサヤが一番うまい、ということを知らないシロウト庶民なんだからそれも仕方がない。

そのうちムロアジの刺し身が出てきた。大量である。西澤が文句を言う。

「なんだあ、アジばっかりか。ほかにはないのかあ。白身のタイの刺し身とか？」

「本当は西澤さんが八重根港でかなり大きなイシガキフグを釣ったんです。六十センチぐらいのをね。でも西澤さんはカンパチじゃねえ、と言って逆上し、海にむかって蹴りました。それは毒のないとことんうまいフグなんですよオオ！　とぼくはしきりに言ったんですがとにかく何も釣れなかったので頭にきてたようでたちまち海に蹴ころがしました」

一緒に釣っていたヒロシがそのようなことを言いつける。

「なんだとう！」

聞いておれは椅子をうしろに倒し思わず立ち上がった。

「あのオタカラハリセンボンを釣って、何も考えもせずにたちまち捨てたのか」

「ええ。ふぐ捨てました」

ヒロシが言う。

「あの刺し身にしても鍋にしても抜群にうまいイシガキフグを捨ててきちまうなんて。

なんという大バカのばちあたりの海知らずの釣り知らずの世間知らずのフグ知らずのバカフグ野郎だ。西澤をこっちに呼べえ！」

おれは本気で怒っていた。

「えー、もう逃げました。いま逃げました」

遠洋漁業組いまだ連絡とれず

岡本部長以下総勢四人の遠洋漁業組はあたりが暗くなってきているのにまだ帰っていなかった。三十分ほど前にケンタロウが電話したときは、コンちゃんが出たらしいが「そっちの状況は？」と聞いても、「まあ海が少し暗くなってきたねえ」とか「海上は星がきれいで」などと質問をはぐらかし、やつらはどうも何も釣れていないらしいです、という報告が入っていた。まああれだけの重装備と意気込みと高らかな雄叫《おたけ》びで出航しているからには手ぶらではちょっと帰れない、という「雑魚釣り隊釣り部、精鋭部隊」としての気持ちはわかる。

暗くなっても海をよく知っている連中だし、ちゃんと連絡がとれているのだから大丈夫だろう、と判断した。

キャンプ場におれたちのランタンが灯り、主にムロアジ中心の夕げの支度が整った。ビールやカンチューハイや土地の人が「島酒」と呼ぶ芋焼酎が並び、なかなかすばらしい初日の酒宴となった。

最近の雑魚釣り隊の厨房はひところに比べると信じられないくらい高度な料理が出てくる。この夜は誰が作ったか「ムロアジと島ニンニクのアーリオオーリオ」などという、いきなり言われても「アーソーデスカオオソーデスカ」などとしか反応できない料理名のパスタが出てきた。

しっかり下味をつけたムロアジはそれだけでも抜群においしいのだが、そこに島ニンニクがきいてもうこれ以上なにもモンクありません、という絶品だった。島名物の明日葉《あしたば》が添えられている。

都会のそこらのバカじゃれレストランなんかだと、わざと黒板に、「八丈島産いまが旬のオーセンティックなムロアジのオゼイユ風味（ケンタロウとダイスケ師弟のオリジナルレシピ）。採りたてアイランド産生ニンニクのスリオロシ。天野の焼きすぎクサヤ指ちぎり花吹雪。コマセ油をまぶした海水びたしの明日葉を三枚添えて」なんてメニューになる。みんなおれのデタラメメニューだから書いていてなにがどうなってんだかおれにもわからない。でも現実に都会のアホレストランにはこんなのが本当に多いよな。シェフはたいてい首に青いスカーフみたいなのを巻いていますな。バカのシルシですね。

「しかし遠洋漁業の連中はどうしたんだろう。もうあいつらのめし何もないぞ」

竹田が突然思いだす。

「大丈夫、ぼくがクサヤ焼きますから」

と自信にみちた天野。夜になって連絡がないのはいささか心配ながらも船釣りは慣れているし、手ぶらでは帰ってこられない釣り部連中の気持ちもわかるから、みんなは彼らを気にせず好きなように酔っていった。

夜になると雲は全部どこかに流れていき、満天の星になった。三嶋とウッチーがタープから外れて空が全部見えるところに座り「あっ天の川だ！　星の川みたいだからそう言うんだよね」とか「金星だ、あっちは土星だ、たぶん。ランラン、あれがカシオペアよ！」などと言っては手に手をとりあってコーフンしている。二人とも大の天文ファンであるとは知らなかった。

さらに数時間してケンタロウがかけたケータイにやっとコンちゃんの応答があった。

「どうしたんですか。みんな心配してましたよ。ごはんもうないけど」

「あは。そう。ごはん心配ないよ。あは。うふ」

どうやら酔っているみたいだ。

「魚はどうでしたか」

「あは。うふ。サカナいっぱいいたよ。海にね。ここらの海は広いよ。広いからタイヘンね。あは。うふ」

逆に心配になり、ドウムのケータイに電話をかけなおしてやっと様子がわかってきた。彼らはとっくに島に帰ってきていた。出航した八重根港らしい。ドウムも釣果については笑ってごまかし、明日早朝にまた船で出撃するらしい。そこまでわかったので彼らはほうっておくことにした。

狙ったサカナはフォールせよ

翌朝、その八重根第二次出撃隊が波をけたてている頃、キャンプ地にはカズさんの子分であるトラさんが軽トラで迎えにきた。タケノコとりは早朝に変えたらしい。そのほうがタケノコがたくさんとれるという。

天野とタカが眠い目をこすって荷台にのり、トラがすんごいスピードで山のほうに行く。目的の場所にくると「あっ、もう誰かきている」とトラは悔しそうに言った。

天野たちにはよくわからないがタケヤブに今朝ヒトが入った跡があるらしい。なんだかニューギニアっぽい。しかし誰か先に入っていたほうがヤブコギが楽だからそれもいいと言う。

トラ、タカ、天野の順に入っていった。

「ちょうど肩幅ぐらいにあいているからそこから入りましょ。そのほうが楽でしょ」

トラは言うが、百二十五キロの天野は先に行く二人の肩幅の倍はあるから、天野だけはやっぱりヤブコギで自分の道を作っていくしかないようだった。

先に入っている人がいてもタケノコはいっぱいあった。三人は三万匹ぐらいのヤブ蚊にさされさらに大汗をかいて、たぶん五十人でも食いきれないぐらいのタケノコ(ねまがり)を収穫して帰ってきた。

「アメリカから島のタケノコとりにきた人はおれがはじめてだと思う」

タカが言った。

「もう一生ぶんのタケノコをとったからぼくはこれからはいかなるタケノコとりにも行きません」と天野。

その日はケンタロウがリーダーになってふたたび神湊港にムロアジ釣りに行く者、キャンプ地の日陰で地面にもっとも接してじっとしていたい者(つまり寝ている)、

トラさん（中央）に連れられタカと天野はタケノコとりに。大量のヤブ蚊と格闘しながらたくさんとってきた

各自、勝手の日となった。

いつも独自に大物狙いをしたがるヒロシはムロアジを生き餌にキツネ釣りに行った。西澤はハリセンボンを追って依然行方不明。

神湊では十人ぐらいがふたたび回遊してきたムロアジを釣りまくっていた。その夜はカズさんのアジト温室（あとで説明）で島での古くからの仲間と我々との合同宴会（合同慰霊祭ではない）があるので、ムロはいくら釣れてもよかった。

一方、太平洋の大海原に出た釣り部精鋭部隊の乗った松丸の上では、岡本部長が今日こそは命にかけても釣る！　絶対釣るんだ！　と釣り部の部下三人にハッパをかけるとともに戦略的レクチャーを続けていた。

「まずカンパチはフォールなんだよ」

「えっ！　フォールってアマレスですか？」

とドウム。

「バカ、海の上でサカナをフォールしてどうすんだ」

「潮の流れによるけど、二百五十グラムぐらいのジグを落としていって、少しずつしゃくりながらリールを巻いていくんだけど、このルアーが落ちる時によくアタルんだよ」

岡本が説明する。

しかし昨日の惨敗に気を沈めていたコンちゃんはアカイカを生き餌にすればカンパチなんて釣りほうだいなのに、というもう後戻りはできないユーワクと戦っていた。生きているアカイカは一杯千五百円。二十杯ほど使うと餌だけで三万円もかかる。それでもしボウズだったら西澤さんあたりに何を言われるかわからない……。

ハガツオが笑っていた

その日の夕刻、カズさんの温室（島ではフェニックスロベ＝生け花で使う下支えの大きな葉が重要な農産物になっている。そのための成長促進につかわれる）に三十人ぐらいの島の人々と我々が集まった。

テーブルの真ん中に重さ七〜八キロはありそうなカンパチの頭。八十センチぐらいのハガツオが二匹、それに大きなメダイの刺し身が「舟盛り」となってドーン！　と居すわっている。

「おお！　これがキツネでっか。こんなんありえんでしょが。おれたち騙されてんのとちゃいますか」

関西からきたヤブちゃんがベタなことを言っている。

「このうまそーな魚、やっぱりプリン体多いんでっか」

同じく関西からきた「歩く全身痛風男」川野が体に似合わない小さい声で言う。

とにかくこんなにイキがよくて大きなキツネの刺し身の山を見るのは久しぶりのことだ。「さあ、みんな好きなだけなんでも食ってくれー」カズさんが言う。

そのむこうで岡本部長のホッとしながらも「どーだ顔」が見えかくれする。ザコとコンちゃんがラスト五分ぐらいのときに根性で釣りあげたらしい。

コンとザコが根性で釣りあげた立派な
ハガツオ。八丈島に来てよかった！

舟盛りを手に安堵の表情を見せる船釣り隊の四人

旅のクライマックスは八丈島の皆
さんも集まっての大宴会だぁ!!

おれたちは江戸川の風物詩になった

発端は愛の仕掛け

今年は富山県のホタルイカ掬いで大量捕獲の大量食い（なんとおれたちがだ）。八丈島ではムロアジ爆釣で同じくキャンプ現場での大量食い。もうわしらごときでは食いきれません許して許して状態となった。

と、言いつつ十月にはついに九州・長崎への出撃がきまり、二十人のバカたちが参加するらしい。ゴキブリじゃないけどおれたちはすぐ増殖するからその日までにはもっと参加者が増える可能性がある。いまや隊員はなにしろ三十人をこえているからなあ。みんな無意味にどんどんやる気になっているのだ。

「そういう遠距離大量捕獲どうだどうだ作戦が続いているときにナンなんですが、たまには近場で、大都会の風物詩〝秋のハゼ釣り〟なんてどうでしょうかね。粋じゃありませんか」

二年前だったか、この隊ではめったにない隊内昇進人事がおこなわれ、珍しくドレイから一般隊員に昇格した橋口太陽がよろず世話人のケンタロウに言った。

彼が広島に遠島、じゃなかった支社異動を命じられて泣きながらお好み焼きを食っている五年のあいだに我々は一度、秋のハゼ釣りに行って、まああれはバカでも釣れるから雑魚釣り隊にはもっとも向いている獲物で大量に釣れた。

「そうだなあ、たまには雑魚釣り隊らしくマグロだカツオだという不相応な欲望はちょっと自制して、このへんでしっかり足元を見るのも大事だろうなあ」

雑魚釣り隊幹部は太陽の申請を認めた。と言うとなにやらエラそうだが、実際はケンタロウが幹部とおぼしき古株の二、三人にアレコレ電話し「次は江戸川河口でハゼ釣りです。よろしいですね」で内定しているのだ。

その過程ではじめて聞いたのだが、太陽はここ数年、季節になり、時間があるともっぱら江戸川でハゼ釣りをしていたのだという。太陽は長崎生まれだ。

「本当かよ。オメー。長崎で生まれて、家から海まで五十メートルも離れていないというのに、しかも弟（ドレイ隊員の童夢）もいたというのに、ただの一度も二人して海釣りしたことがなかったっていうじゃねえか。あの大物クエのいる長崎の海からどうしていきなりこんな東京のドブみてえな川に目覚めたんだよお」

あるとき西澤が別にそうであってもなんの罪でもないのだが、その話を聞いて激しく罵倒した。以来太陽と童夢は西澤の命名によって「長崎のバカ兄弟」と呼ばれるようになったのである。

「ハゼといったら昔の江戸っ子がやる粋な釣りなんだぞ。動機はなんなんだ。なんかあるんだろう。なんでオメーがわざわざハゼ釣りに夢中になったんだ」

酔った西澤はしつこく、それに暴力的だ。

「すいません。実はこれは！　というムスメを見つけるとデートに誘うんですが、なまじっかなところじゃ最近の若いムスメはなびきません。それで〝ハゼ釣り〟っていうとやや興味を示すんです」

「エー、ハゼってオサカナでしょう。あんなのが釣れちゃうのお？　スゴーイ！　とかなんとか言ってついてくるというわけなんだな。コノヤロー」

「すいません」

ヤクザじゃないけれど、西澤は立場上みんなから「若頭」と呼ばれている。この三十人のぶっこわれ集団の副隊長ということだ。

「でも近くにディズニーランドがあるので、せっかく江戸川の現場に来たのに急に方針を変えさせられることもあります」

「ヌイグルミのアメリカネズミにもっていかれちゃってんのか。だらしねえなあ」

「すいません。でもそうやってフラレる度になにくそ！　というイカリを後日ハゼにぶつけてきたので、ハゼ釣りはだいぶわかってきました」

そんなような話もあって、我々は八月にしてはちょっと肌寒い曇り空の下、江戸川放水路の河口ちかくにある「たかはし遊船」にほぼ同じ頃に集結した。

みんなクルマできているが関西に越したショカツは長距離バスで横浜にやってきて、そこから電車できたという。このショカツはまだ若いけれどＩＴ関係で起業し、細々とだがなんとかやっているという。日本各地でやっている我々のキャンプ地にいつも安くて寝られる長距離バスでやってくるという殊勝なやつだ。

一人遅刻しているのがいる。ベンゴシだ。毎晩新宿でのんだくれているのでまあほっとくことにした。

土屋仙人の待ち伏せ

船着場について驚いたのは、屋台みたいな船宿の中からベンゴシの代わりじゃないけど土屋仙人がひょっこり顔を出してきたことである。

この人は定年退職してから一日中本を読んでいる。大手出版社で文芸雑誌の編集長をしている頃からのつきあいで我々のこのバカキャンプに参加してもらっているが、釣りはあまり興味がないので海べりや川べりでいつも静かに本を読んでいる。神出鬼没なのでいつしか「仙人」の呼称がついた。

「あれま、先にきていたんですか」

「川風のなかで読む本はいいですなあ」

そう言いつつ土屋仙人は我々が舟で川に出るのを見送って帰る、と言う。あくまでも謎のヒトなのだった。

ここでの釣りは川の中にあらかじめもやってある五〜六人乗りの木舟に、釣り宿の人がエンジン船で送ってくれて、そこで我々はタタカイを開始する。

そのまえにハゼ釣り十年という太陽による最近の江戸川ハゼの釣りかた教室をひらいてもらう。

「ええっと、ハゼ釣りはとても簡単ですが愛情がポイントです。愛がないと釣れません」

太陽はいきなりわかったような、わからないようなことをほざきだした。

「その愛というのはオメーがここでハゼをエサに、じゃなかったハゼ釣り行為をエサに若いムスメを口説こうとした欲情のことか」

太陽より若い、しかもドレイの竹田が身分をわきまえずに言う。こいつもガラッパチだからしょうがない。太陽、それを無視してテクニック篇《へん》に入る。

太陽先生による愛情たっぷりのハゼ釣り教室

①エサであるイソメの垂らし（ハリからはみ出している部分）はハリから一〜一・五センチ。ハゼの活性が高くてもかかりが悪いときは、垂らしを短くするといいです。

②オモリを底につけて五秒程度でアタリがなければ上げて下ろす場所を少しずらします。これが誘いにもなります。酒場のゴーコンでもあるでしょう。目指した娘《こ》に気がないとわかったらすぐにトナリにターゲットを移す、というアレです。

若い奴はみんなうなずく。

③ハゼの目は上についています。ゆえに仕掛けを落としたときが一番のチャンスです。

④ビクビク、ブルブルッときたらエサを吸い込んでいるときなので二回目のブルブ

ルであわせましょう。焦ってはいけません。

「気持ちわかります。おれ、いつも焦って焦って失敗するんですよ」

ハゼ釣りははじめての筈の最近のドレイ似田貝が意味不明のことを言う。みんなその真意がわからず無視して川に出ることになった。

念願のバカ殿様釣り

三班に分かれる。一号舟には太陽先生、單《たん》さん（台湾から家族で日本にやってきた。一年前雑魚釣り隊二十五人が台湾の南の田舎で半月間の目的のよくわからない合宿をしたとき、我々をサポートしてくれた優れた人格、才能のヒト。雑魚釣り隊のあまりの無意味ぶりにナニカを感じたらしく今回から入隊希望した）、さらに竹田、ショカツ、それにおれ。ショカツが間に合ったのでおれはホッとしている。

二号舟には西澤、海仁、似田貝、あつを。

三号舟にはよろず釣り名人のコンちゃん、童夢、ケンタロウ。それに予定されていたベンゴシがまだきていない。

タタカイはさして迫力のない状態のなかで始まった。

今回おれはバカ殿様釣りに徹していこうと思っている。ハゼ釣りは子供の頃から何度となくやっている。エサのイソメ、ゴカイ類は自分たちで河口の砂を掘ってカンカラいっぱいすぐとってきてそれを使った。

その頃はイソメなどミミズに必要以上に手足がついているだけでどうということはなかったのが、だんだん成長してオトナというものになり、生物の多様性、なんて本など読むようになってからあの姿形、態度、性癖のキモチワルサに気がつき、あろうことかそのうち嫌悪感で自分でイソメをハリにつけられなくなった。

あんな気持ち悪いものを予備のために二、三匹手の中であそばせているヘンタイが雑魚釣り隊には多いので、近頃はこのエサをつかう釣りではドレイを隣に呼び、おれは竿と仕掛けをそいつの前に振り、エサのイソメをつけてもらうことにしていた。本日はショカツが適任だ。

おかげで第一投で早くもかかってきた。ただし四センチあるかどうか。同じ舟の太陽先生にいかがなものか、と聞いた。

太陽、やや考え「まあたしかにハゼではあります。しかも全舟団一番のりですからいいんじゃないかと……」。どうも回答が煮え切らない。

エサの取り替えで隣にいるショカツに竿を振ると自動的に釣れたハゼをはずしすぐ

に新しいイソメをつけてくれる。これは便利だ。

ショカツを三太夫と呼ぶことにした。三太夫は素直なやつで暇になってくると「これ三太夫、あの例の阿波踊りをちとやってくれんか」などと言うと自分の竿をほうり投げ、たちまち上手に踊ってくれる。ショカツは徳島のヒトだ。一号舟にはそういうバカ殿様と三太夫が乗っているのでヨソの舟にくらべると漁獲量は不利だが、なによりも太陽先生がセッセと釣っている。

よその舟も順調に数をかせいでいるようだ。バカ殿様も餌づけがしっかりしているのでけっこう釣っているが、他の貪欲《どんよく》連中は開始三十分もしないうちにセコセコ三十尾も釣っているようだ。一分に一尾だ。

「コレ三太夫よ。江戸の下賤《げせん》の民はあさましいのう」

「本当にえらいやっちゃえらいやっちゃでござります」

返事になっていないが息はあっている。

ピクピクッのタイミング

水深は一〜二メートル。回遊している魚ではないからどこでも竿を出せばその下に沢山いるようだ。雑魚釣り隊は五年ほど前にもこの同じ場所で「源平ハゼ釣り合戦」という本気の個人戦をやったことがあるが、そのとき誰かが「きっとこのあたりの川底には絨毯《じゅうたん》のようにハゼがいっぱい敷きつめられている状態なんでしょうね」と言っていたのが印象的だった。

問題は仕掛けと、ピクピクッのタイミングのとりかたのようだ。

竹田が新聞情報かなにかで、エサはイソメ以外のものでもイケル、というのを読んできて、スーパーでボイルエビを買ってきてくれた。あまりいつまでも三太夫を餌づけ係にしているのはさすがに気の毒なので、グネグネせず小さな手足など一本もないボイルエビを自分でハリにつけてやってみることにした。

イソメのときのようにすぐにブルブルはこないが、ちぎって使ってもエサが大きいのでかかるとハゼのサイズも大きい。

ウーン、これは面白い。バカ殿様は自立することにした。

二号舟がなんだかおかしい。よく見ると誰かが舟の左右にはみ出して寝ているらしい。西澤だった。かれはデカ竿をふりまわし、堤防をどどっとかけてでかい生き餌なんかつけたのを遠投する釣りが好きで、それ以外の釣りは釣りとして認めていないところがある。雑魚釣り隊の記録でいえば相模湖のワカサギ釣りがそうだった。五十センチぐらいの細くて短い竿。エサはイソメよりずっと小さなアカムシ。こいつが小さいくせにくねくねしてハリを刺しにくいのなんの。繊細なママゴトみたいな釣りだから彼にあうわけはない。見事に十分ぐらいであきて、ときおり近寄ってくる鴨《かも》を釣ろうとしていた。これはもう性分というやつで仕方がないのだ。

どちらかと言えばおれも西澤派だ。行動範囲が限られている船釣り、とくに小舟で小さいのを狙う、というのをあまり長くやる耐久力というものがない。

エンジン付きの船が近づいてきた。寝坊した酔っぱらいベンゴシがやってきたのだ。奴はケンタロウのいる三号舟に乗った。

そのあたりでケンタロウが各舟のいまのところの釣果を聞いている。ひとつの舟で六十〜七十尾ぐらいのようだった。

その日の目標は獲物を新宿のアジト居酒屋に持っていって「ハゼ天丼」を作って食う、というものである。数としてはいまの数でなんとか十人前ぐらいはできそうだがカタが小さいので大半はカラアゲが限度のようだ。

「今の倍、釣りましょう」

太陽が叫ぶ。川の上というのは百メートルぐらい離れていても声が通じてしまうからたがいに便利だ。

二号舟で意外な活躍をしているのが似田貝だった。ボートの上にいる姿はどう見ても偶然舟にあがってしまってボーッとしているアザラシにしか見えないのだが、けっこういいカタのをあげているようだ。

隣にいる海仁が解説する。

「彼はさ、ピクピクッてきてるのに気がつかないんだ。アタってるよ、って教えてあげると『えっそうですか?』って言ってるだけでぜんぜんあわせないんだ。そのうち不安になって『エサとられてんのかなあ』などとブツブツ言って竿をあげるとけっこう大きなのがかかっているんだ。鈍感釣り、というのか、新しい釣り方かもしれない」

と、不思議な感動を語るのだ。そのあいだにもおれたちの乗っている一号舟がいつのまにか流されていて元にもどるのにひと汗かいたり、とまあいろいろあって結局三隻合計三百五十尾の成果があったようだ。

夜、新宿に再集合。出来上がったハゼ天丼は一個のみで、あとは煮干しみたいなカラアゲになった。

なんとなく竿を持つ土屋仙人。もちろん釣りはしない

新入隊員の單さんやドレイ歴の浅いあつをでも簡単に釣れるオサカナなのだ

たった一個の天丼は隊長が独り占め。三百匹以上のカラアゲは二分でなくなった。小さいから仕方ない

すぐに飽きた西澤は腹を出して惰眠を貪る

九州平戸ドタバタ遠征団始末記

キザながら海の風に吹かれていれば

この頃地方遠征が多くなってきた。

雑魚釣り隊の本領は関東近県の名もない海岸に行ってテントを設営し、流木を探してきて焚き火を作り、そこらにいっぱいある漁港の堤防から小魚を釣って「雑魚鍋」を作り、それを肴に喜んでいる、というものだった。

でもそのうち堤防の小物釣りではあきたらなくなった本当に釣りのうまい連中が中心になって釣り船に乗って外海に出かけ、想像もできなかったような有名巨大魚を釣ってくるようになった。

おれも何度かそういう〝遠洋航海〟についていって、自分でも信じられないようなブランド魚を釣りあげて喜んでいた。

でもそれができたのは隊員がせいぜい十人ぐらいまでの頃で、現在の三十人超という大世帯では最低二隻の釣り船を使うのでカネがかかりすぎるのと、隊員のなかには、

①ホントは海がきらいだ

②船を見るだけで酔う

③堤防で海を眺め、ただもう哲学的思索にふけりたい
④長時間限られた船の上しかいられないのはつらい。オレは走るのが好きなんだ
⑤大きな海原に出るといきなり飛び込みたい衝動がおき危険だ
⑥釣り船の上ではドンブリラーメンが食えないじゃないか
⑦船長の命令どおりの釣りなので鵜飼いの鵜みたいでいやだ（これは船に各種水中探査機があり、お客さんになんとか釣らせたい、と考えている釣り船の使命なんだから仕方がないのだが）

といったような勝手な意見をもつ隊員も増えてきて、とにかく釣りが好きで好きでたまらない、というメンバーが「雑魚釣り隊釣り部」という親亀の上の子亀みたいなチームを作った。現在レギュラーは六〜七人いる。その釣り部の部長は岡本宏之。そうしてこの人たちが中心になって、最近全国各地に遠征するようになってきたのだ。

残りの者たちはそれに無意味にくっついていく。
雑魚釣り隊のメンバーには、
①キャンプでも民宿でもいい。とにかくどんな獲物でもそれを肴にサケ飲みつつの宴会が一番だ

②炊事ドレイとして一枚でも多く皿を洗いたい
③堤防釣りしながらビール飲みつつ青空麻雀《マージャン》がとにかく気持ちいい
④流木を一本でも多く拾う午後をすごしたい
などなど、釣り以外にも大きな「夢」を抱いている者がけっこういて、各自それぞれの希望にむかってそれなりに満足しているようなのである。

どしゃぶりの拉致移送

平戸といったら長崎のはしっこのほうだ。九州本土の最西端ともいう。こんな遠くまでの遠征が決まったのは二つの理由がある。昨秋、雑魚釣り隊結成十周年を記念しておれたちのアジト居酒屋が数軒集まっている新宿三丁目で愛読者二百三十人規模の大きなイベントがあった。六つある関係者居酒屋や小劇場なども使っていろんな「分科会」があったのだが、そのときの「釣り講座」で、ある参加者から長崎・平戸の「落とし込み釣り」にぜひ挑戦してほしい、という要望があった。

「面白そうですね。ぜひやりましょう」

と岡本部長は約束した。真面目な岡本である。それから一年、密かにそのチャンスを狙っていたのだ。
十月の連休前に、おれが小倉の市民大学に呼ばれていた。千人規模の大きなイベントなので隠していたけれど雑魚釣り隊の知るところとなり、講演がおわりしだいおれが平戸にかけつけることになった。しかし調べてみるとクルマを飛ばして三時間半もかかるというではないか。そんな面倒なことしないで後日三浦半島あたりで日向ぼっこ釣りでもいいじゃないか、と思っていた。

「あのヒトはもう歳も歳だし、説明しても五分で忘れるから平戸のことも忘れてすぐ東京に戻ってしまうかもしれない」

とケンタロウらは危惧し、到着した空港にドレイ隊のリーダー「おかしら」竹田と太陽をレンタカーつきでさしまわしてきやがった。

講演は九十分。竹田と太陽は主催者がおれのために用意してくれた特別ゴーカ弁当を食って楽屋

どしゃ降りの平戸大橋

で張り込み待ちしていた。

そうして拉致されるようにおれはどしゃぶりの雨のなか、そのまま平戸方面に連れていかれたのであった。

「こんな雨のなか、九州の最果てに行くこともネーじゃあねーか。おまえらどの国のモンだ。いますぐ三浦半島に変更しろ。三浦半島にしよう。三浦半島に行けぇ！」

などと怒鳴っているとまもなく太陽が毛布をよこし、「なんの真似だ」と怒ってるうちにけっこう疲れていたのだろう。そのうち寝ちまった。

なにやらひっきりなしにカーブするので目を覚ますとあたりは漆黒の闇《やみ》街道。しかも豪雨。道のわきに家もなければ街灯すらない。カーナビの地図をみるととんでもない沢山の島と岬と小山ぞいをくねくね走っているのがわかった。

多島海の様相である。

「あっ、しまった。寝てしまったではないか。おまえらここはどこだ。どこに連れていくのだ」

「雨と闇のなかです。場所は山のなかです」

「こんなところにヒトが住んでいるのかよ。おまえら長崎のキツネに騙されているんじゃャネーのか？」

「三十分前に小さな村があり、その三十分前にコンビニを一軒発見しました。墓はいたるところにあります。どしゃぶりに濡れた白い着物をきた女が歩いていました」

「なんで止めなかった」

「止めたと思ったらもう乗ってました」

「隊長のとなりの席です」

そのあたりに手をのばすとシートがびっしょり濡れている——わけはない。

手にしていたペットボトルの水を「これのことかえェェ〜」などと言って二人の背中にかけてやることも考えたが、運転手がびっくりしてあらぬ方向にハンドルを切ってクルマごと崖下に転落し、今度は俺たち三人が昇天して豪雨のたびにびしょ濡れになってその道をベタベタ歩く親父三人組とならねばならない。

竹田が運転交代した太陽に「スピードそのままでライト消してみて」と言う。真の漆黒のなかを進んでいる。

「わあ！」

三人叫ぶ。そろそろ長時間のドライブに飽きてきているのだ。さらに北にむかってんだか南方向に行っているんだかわからないうちにきっちり三時間半でめざす船宿に到着した。

ドーンと刺し身大皿三つ

海に面した二階建てのなかなか居心地のよさそうな宿だった。すでに大多数が集まっているという。東京、大阪、それに（なぜか）アメリカといろんなところから来るので、もよりの長崎空港ではなく全員福岡空港でまちあわせ。集まってみるとちょっとした団体旅行のようになっている。

もっとも福岡までは各自勝手なルートできている。たまたま関西のヤブとアメリカのタカが空港で出あったので空港内の「吉野家」で生ビール五杯ずつ飲んできたという。

山崎は早朝の便が安いというので朝八時には空腹のまま福岡に着いていたという。しかし早すぎてこれはという食事の店がなく、しばらく膝を抱えて途方にくれていたらしい。

ゲートから青い顔で出てきたのはあつをだった。昨夜、予約した飛行機を確認したらなぜか予約できていなかった。びっくりしてあちこちの便をさがしたのだが全滅。やっと成田発のＬＣＣに空席がとれたので朝から成田まで行ってもう疲れちゃいました、という青い顔だったのだ。

関西勢三人組のひとり〝全身痛風男〟の川野は仕事の関係で早い便がとれず「福岡からのバスでどうにか佐世保港まで接近できるけれど目的地近くの港までのフェリーは明朝までないらしいんですわ。今夜はひとりビジネスホテルや」と半泣きらしい。同じ関西組のピスタチオは賢く新幹線で過不足なくまにあっている。最近東京から奈良に越して関西勢になったショカツはいつものように夜行バスでやってきている。

わあ、こんなふうにそれぞれ書いているとまだ「魚釣り」に関係する話は何もはじまらない。

すでに東京勢の名嘉元、海仁、岡本、コン、似田貝、ウッチー、デン、童夢、京セラたちは到着しているから、もうとっとと大広間に集まってビール乾杯しようじゃないか。そのうち夕食が出てくるだろう、という方針になった。

やがて大皿三つにわけた刺し身の盛り合わせが出てきた。カンパチとかヒラマサとかカツオとかタコとかよくなまえのわからない魚までいやはや沢山の種類だ。同時に平戸鍋とでもいうようなブリのアラ出汁《だし》の大鍋が三つ。

さすが船宿じゃのう!

酒宴があらかた進んだところでショカツが立ち上がり、「関西に移住したらいいコトがいろいろあって恋人がやっとできました！」と嬉しそうに報告し、おまけにとオハコの阿波踊りを一発みせてくれた。

続いて京セラが立ち上がり「あの、エト、ぼくにもぼくにもエト恋人ができましてエト来春結婚することになりました」

「えらい早技やなあ。隅におけんわ。どこで結婚するんや」ヤブが聞く。

「ハワイです」

どへーっ。折角のショカツの告白もハワイでの結婚には負けてしまった。雑魚釣り隊のドレイにはまだ独身がいっぱいいるからこういう話はこれからも増えてくるだろう。

日本で結婚式をやるとしたら雑魚釣り隊釣り部は何がなんでも当日に合わせて十キロ超級のタイを釣ってこなければならないだろう。

超貧弱朝食

翌日は快晴だった。昨夜の豪雨を考えれば逆転サヨナラ満塁本塁打にちかい。

我々が起きたときはすでに一時間前に暗い海にむかって「釣り部」は出航していた。

岡本、名嘉元、海仁、コン、太陽、童夢、タカの七人。彼らが初挑戦する「落とし込み釣り」というのがどんなものか前日少し聞いていたが、聞いているだけですでになかなか難しそうだ。そんな釣り、人間ができんのか。

おれは船で出ないので適当な聞きかじりだったが、まず小アジや小サバのいるところに行く。そういう小魚がいるところにはその下にヒラマサとかカンパチとかタイなどの大物がいるらしい。

そこで釣り人はまず小魚のいるタナまで餌のついていない針を落とし、それらを釣る。エサなしだからサビキ釣りに似ているようだ。

小魚がかかったらそのままストンという感じで底まで生き餌つきの針を落とし、そこから二メートルぐらいエサつきのハリをあげる。

二段がまえの釣りである。おれが疑問に思ったのは、サビキはよくやるから知っているがハリスも細く、疑似餌つきのハリも小さい。そこにエサをつけてもしかすると十キロぐらいのヒラマサがかかってしまったら、はたして仕掛けそのものがもつのかどうか。

かといって生き餌となる小魚はあまりごっついハリや太いミチイトでは釣れないだろう。

おれにもわかるくらいの矛盾だから小アジや小サバはもっと早くわかってしまうだろう。

まあ専門の船頭がいるのだし、雑魚釣り隊のエリートが乗り込んでいるのでそのへんのあんばいはわかっているのだろう。

「朝飯でぇーす」

京セラの声で食堂にむかった。この隊は本当によく食うやつらなのですでに殆どの顔ぶれが揃っていた。ドレイの若手が大きな電気釜からみんなのごはんをよそい、別の者が味噌汁係だ。

いつものように体育会系の合宿を思いだす風景だ。我々はこうして全国のいろんなところでめしを食ってきた。

しかし、全員なんとなく曖昧な表情とタイドだ。いつもなら早いもん順だからみんなとっとと食っている筈なのだが、茶碗と箸を手にして「どうしたらいいのやら」という顔ばかりになっている。

理由はすぐにわかった。それぞれの前に置かれた一人前セットはまだ完成していないように見える。四角いカップの例の一人用納豆。透明袋に入った細長い味つけ海苔。小さな胡麻《ごま》豆腐、それにタクワン。以上おわり。どうしてもここにメーンを飾る、アジのヒラキとかハムと卵を焼いたやつが置いてあると普通は考えるではないか。

それだけがまだ間に合わなくて、いま厨房で作っていてもうじきおばあちゃんが盆にのせてやってくるのではないか。みんななんとなくそれを待っているような感じだった。しかし厨房はシーンとしている。いくら待ってもこれ以上の変化はないようだ。

しかたなくそこにあるもので食いはじめる奴が出てきた。

たびたび紹介しているが我々のチームには「一升チャーハンのヒロシ」と「マンガ盛りの天野＝百二十五キロ」と「しろめしおかわりくん＝百キロ」の似田貝という三頭の怪獣がいる。しろめしくんは茶碗めしの早食いが得意技だから民宿の茶碗なら軽く七〜八杯はいける。しかしこの貧相なおかずで彼はどうやりくりするつもりなのだろう。

こんなことなら昨夜の刺し身大盛りの一皿ぐらい「づけ」にしておくべきだった。昨夜が豪勢だったので我々は朝飯にどうしても過剰期待してしまっていたのだ。

海苔は甘い味つけだし、醬油も九州独特の蜜《みつ》みたいなやつなのでおかずの戦力にはならない。胡麻豆腐はお菓子みたいだ。残るはタクワンだがこれも甘い。サバの缶詰でも買ってあれば。しかしコンビニまで三十分かかる。まああったかい飯を食えただけでもよかったと思うしかない。しろめしおかわりくんは五杯目のごはんを持ってそれにお醤油をぶっかけている。あの甘蜜醤油をだ。

なんとなく不満足のままおれたちも堤防の陸っぱりに出かけた。途中の農家のおかみさんが我々を見て「あれま魚よりも人間のほうが多いねえ」と不思議なことを言う。よほど過疎化が進んでいるのだろう。

堤防から出す竿にはエサとりの小さなフグしかかからない。山崎がいきなりカタのいいカワハギを釣ってみんなをびっくりさせた。

そのうちにヤブちゃんとあつをが昼飯のために往復一時間かかるスーパーに弁当を買いに行った。そのあいだもクサフグだらけだ。よくて小アジぐらいしか釣れない。これも煮つければ明日の朝のおかずになる。

その夢にむかってセッセと釣るしかない。

やがてヤブちゃんが帰ってきた。

おお、両手にずしり感のわかるビニール袋を下げている。いろとりどりのおかずいっぱいだろう。

「疑惑解明！」ヤブちゃんが大発見のようにして言った。スーパーに行ったらゆうべ民宿の食卓に出てきて我々を感動させた例の刺し身盛りあわせ皿とまったく同じものが一皿二千八百円で売られていた、というのだ。

九州本土最西端の町に集結した雑魚釣り隊。大漁を夢見る男たちに海は微笑んでくれるだろうか

隊員が呆然とした朝食は
ほんとにこれだけ！

大量の刺し身や鍋が並ぶ
豪華夕食

釣っても釣ってもおたまじ
ゃくしみたいなフグばかり

弁当を囲んでの昼食。
おかずがいっぱいだあ

続　九州平戸ドタバタ遠征団始末記

でっかい獲物がじゃんじゃん

精鋭隊の出発

「雑魚釣り隊釣り部」という親亀の上に子亀を乗せて的精鋭部隊ができたのは三年ぐらい前だろうか。それまでにも堤防釣りでは獲物がナマクラすぎるので釣り船を仕立ててあちこち出陣していたが、我々は三十人以上いるので釣魚技術的に玉石混淆《こんこう》であり、そのときのメンバーによって釣れたり釣れなかったりする。

それでもまあ面白かったのだが、なかには船が岸から出ると三分で船酔いしてドタンと倒れ、帰ってくるまでそのままの奴がいたり、エサ釣りが嫌いで舳先に立って一日中さしたる確信もなくルアーをふりまわしている奴もいたりで、どうも長年大勢で釣りをしているわりにはあまりにも無統制ではないのか、という議論があった。

離島キャンプのときなどは大物を釣らないと自給自足もままならないから誰かがスーパーに走らねばならないが、そのスーパーがなかったりする。そこでメンバーのなかで釣り技に長《た》けている奴、運のいい奴、「もう帰ろうよ」と言わない奴らが集まって編成されたのが「雑魚釣り隊釣り部」なのであった。

その日の早朝、寒風吹きすさぶ中、長崎県の平戸から出航した「満漁丸」（頼もしい船名であります。橋口貞徳船長）には精鋭の七人（岡本部長、コン、海仁、名嘉元、タカ、太陽、童夢）が乗り込んでいた。

まだ寒くてみんな眠いので多くの残留部隊が布団にくるまっているなか、さすがこのシリーズのよろず世話人であるケンタロウはふるえながら彼らの出航を見送った。

「なんとか釣れますように。ここまで遠征して、もしやボウズだったらもはや自分が丸ボウズになるしかない」

本当は純粋なケンタロウはこんな遠いところまで大勢をよびこんでしまった手前、そこまで追いこまれていたのだった。

今回の釣りはその海域では古くからあったが、世間に知られるようになったのはほんの四〜五年前という釣り方で、通称〈落とし込み〉という。関東の釣り人はまだあまり体験したことがないようだ。

当然「釣り部」の七人も初体験だ。さまざまな釣りを体験しているコンちゃんが、沖にむかって激しく揺れる船の中でチームにその仕組みを説明していた。

「まず船長が魚探で小魚の群れをさがしてくれます。そこにエサのついていないサビキを落とす。よほどのことがないかぎりウルメイワシやアジなどがかかる。サビキにこういう小魚が食いつくとかならずブルブルッといったアタリがあるから、そうしたらそのまま海底まで落として二～三メートル上げる。こういう小魚が群れている下には大きな魚がいる。生き餌は一度船まで釣り上げた小魚ではないからイキがいい。そいつに本命のヒラマサやカンパチが食いつく。それを一気に引き上げる、という二段構えの釣りです」

船出する前に、まあこれだけ長く釣りに参加しているからおれにもわかる疑問があった。前回に書いたサビキと生き餌の強度の問題である。

しかし、沖に出たコンちゃんは船長が「これを使って」と見せてくれた仕掛けを見て納得した。それはなにか固いものでハリの軸の部分を打ちつけてあって光っている。こういうハリが五本ついていてハリスは十六号。この平打ちされたハリが海中で屈折した光をあびてキラキラ光る。サビキほど細くはないからある種の疑似餌効果となって矛盾は回避できる、という工夫がしてあったのだ。

波濤とタタカイつつ

そういう対策を学びながら船はまだ冷たい波をけたててずんずん進んでいく。二十分ほどで沖に出るとうねりと波が出てきて、立っていると体が飛び跳ねるほどになった。

その船は一般の釣り船用に作られているわけではなくごく普通の漁船のようであった。

全体の船の構造を見て名嘉元は「しまった」と思っていた。早すぎて宿の朝飯を食わなかった（前回書いたが宿の朝飯はおかずが貧弱で残念がるほどのシロモノではなかったのだが）ということではなく、名嘉元のそれは意味がちがっていた。関東の釣りの乗合船にはどこかしらに小さいながらも便所がついているものだが、その船は船尾のほうに三十センチ角ぐらいの穴があいていて仕切りはいっさいない。中国の全面開放便所とおなじだ。その穴に小便も大便もするという仕組みだった。しかもそのまわりに倒れないように摑まっている棒のようなものすらいっさいないから、荒れる波に翻弄されるときにしゃがむと前や後ろにひっくり返るオソレがある。まさか三十センチ角の穴に全身が吸い込まれることはないだろうが片足ぐらいは落ちてしまうかもしれない。

名嘉元はなにか食べるとすぐデル体質なのに、いましがたケンタロウが差し入れてくれたコンビニ弁当を食ってしまったところでその恐怖の四角穴に気がついたのだった。

「もはや我慢できなくなったらあの四角い穴のところに行こう、我慢してそこらにぶちまけるよりはいいや」

名嘉元は男だ。覚悟した。

岡本はいつものように船首に立って落とし込み釣りではなくてあくまでもルアーで勝負しようとしている。ルアーだとみんながやっているような途中でイワシやアジの小魚をひっかけてそれからタナに落としていく必要がないからハナシが早い。ただし船首で釣るのでなにかとんでもないタイミングで大波が来たとき真っ先に海に落ちるのも岡本だろう。

やがて本日最初のポイントに着いた。潮の流れは後ろから前へ。船釣りの場合は釣り座のポジションどりが微妙に影響することがある。この日はタカと太陽に早速イワシだかアジだかのエサが食いつきそのイキオイで両者早くもヒラマサとカンパチをあげた。

船の前方に陣取った海仁、童夢、コンには最初の生き餌がつかず大物のいるところまでなかなか「落とせない」。こういうとき船釣りは意味なくアセルものだ。なにしろ海仁やコンは雑魚釣り隊ナンバー1とナンバー2といっていい。そのふたりをさらに焦らせるようにほぼシロウトのタカが特大のイサキを、童夢が一キロクラスのマダ

故郷の海でいきなり太陽の竿がしなった！

イをあげた。太陽もさらにどんどん釣っている。

焦った海仁がついに強引に三キロ級のマダイをひっこぬいた。やがてコンがカンパチとヒラマサを。

さらに海仁が一メートルぐらいのシイラを釣ったが、その段階でもうみんなかなりのカンパチ、ヒラマサをあげていた。大型魚だから釣れだすと船の上はまことにあわただしいコトになる。かたくなにルアーで勝負している岡本は目まぐるしいほど頻繁に目的の獲物を釣りあげており、最終的にはさすがの竿頭になった。やはりヤル気になった釣り部の部長は凄い。

このなかで唯一、一匹も釣れないベテ

ランがいた。名嘉元だった。どうも釣りの手順を間違えていたようだったが、「やっぱりウンコを我慢してたのがいけなかったのかなあ」とひっそり呟いていた。常に襲う便意が彼を落ちつかせなかったのかもしれない。

〔海仁のレポート〕

「このいっぷう変わった釣り方もさることながら、平戸といえば十キロ超えのヒラマサも出る激アツな場所のひとつ。ほかにも関東ではなかなかお目にかかれないサイズのマダイやブリなどの可能性もあり、硬い竿を買い、リールには太いイトをまいてヘビー級狙いできました。北風の強いなか、シロウト集団の腕前とシケへの耐性を心配してくれてか、船長が本命ポイントになかなか連れていってくれなかったのは少し残念だった。やがて本命ポイントに連れていってくれたのも我々のちからを認めたからでしょうが、いかんせんもう遅かった」

兄弟船を待ちながら

陸っぱり部隊は前回の続き。天気はよいし風はそよそよ。ただし獲物は相変わらずクサフグとなにかのいたいけな稚魚。子供連れの若いおとうさんならちょうど楽しい状態だろう。

ケンタロウがしばしば沖の船に電話をいれるが、コンちゃんの回答はいつも曖昧で釣れているのか釣れてないのかさっぱりわからない。おれの長年の経験では、こういうときはボウズもしくは大漁に違いないのだ。

わざわざ早起きして北風と波濤《はとう》を切り裂いて沖に行った兄弟船。そうだ、太陽と童夢は本当の兄弟だった。しかも長崎の。ここはかれらがふるさとである。

長崎のバカ兄弟の弟、童夢の話はこうだ。

「長崎出身だが初めての平戸だった。平戸のことは何も知らない。そもそも長崎県内でどのあたりにあるのか正しく把握できているかも怪しい。でも諸先輩から何か聞かれそうだなと思ったのでインターネットで少し勉強した。ザビエルが布教活動をしたらしい。しかし残念なことに誰にも何も聞かれなかった。たぶん先輩諸氏もザビエルを知らないのだろう」

遠洋漁業団を待ちながらあたたかい日差しの下でビールなど飲んでいる。彼らに存分に働いてもらって、あわよくば何か食える魚をとってきたら今夜はそれがめしのおかずになる。しかし全員で二十人近い人数だ。大めし食らい揃いだからはたしてかれらの釣果で間に合うだろうか。少ないときにはすぐさまスーパーの刺し身一パック二千八百円を買いに行かなければならない。

そんなことを考えているうちに沖から何やら景気のいい音楽が聞こえてくる。

舳先に立っているのはまさしく岡本部長だった。顔が笑っている。ということは何か獲物があるのだ。沢山釣れているときはコンちゃんはわざと返事をしなかったりすることがあるから間違いない。

「どうだ、どうした!」

竹田が岸壁から騒いでいる。

「ん。まあね」

と、コン。ごく普通の顔をしている。これは絶対いけているに違いない、とおれのまわりで誰かが言っていた。

「獲物はどこだ!」

それを船内で聞いてタカが一人前の顔をして生け簀《す》のあたりを指さした。船長がその蓋《ふた》をあけるといきなりバシャバシャと大きな魚が跳ねる音がした。おお!

船長は大きなタモで一メートルぐらいあるのをひっぱりあげ慣れた手つきでギャフをふるい素早くシメテ血抜きした。カンパチだった。続いてやはり一メートルはある

釣り部メンバーたちが「どうだ！」とかかげるのは有名高級魚ばかり！雑魚釣り隊のくせにこんなことがあっていいのか!?

ヒラマサ。海仁に聞くとカンパチ八匹、ヒラマサ九匹、マダイ二匹、イサキ一匹、イナダ三匹、合計二十三匹、という大漁だった。

パチパチパチ。

陸っぱり惨敗組が拍手する。船のみんなは遠洋航海から帰ってきたように芯から疲れた顔をしていたが、獲物をそれぞれ適当に持ってもらって記念撮影をした。雑魚釣り隊の歴史のなかでも有名魚をこれほど釣ったことはめったにない。

「長崎はいいトコでしょう」

長崎のバカ兄弟の兄の太陽が言った。

とりあえずみんな素直にうなずく。

以前久米島のマグロのときや北海道のアオゾイのときもそうだったがいっぺんにとても食べきれない、とハナからわかっているときは半分ぐらい東京に送ってしまい我々と親しい居酒屋に「どうだ！」と言って寄付するのだが、この日はどういうわけかケンタロウが「東京に送らないでみんな食ってしまいましょう」と頑強に言いはった。

そこでこれらの獲物を雑魚釣り隊が全部さばくことになった。

ところで童夢はここんとこ〝神経締め〟というものに命を張っているらしいと聞い

た。それがどんなものなのかおれはよくわからないので彼の説明を抜粋しよう。

「二、三年前から神経締めをやりたくてしょうがない。魚の脳天に穴をあけて針金をとおして脳味噌を破壊しつつ背骨の神経を抜くことで魚は自分が死んだことに気がつかず鮮度が保てるのです。血抜きをした魚の背骨に神経締めの針金を抜き差しすると魚はビクビク痙攣《けいれん》してそれがこちらに伝わってくる。このビクンビクンがもうたまらないんッス。大きい魚ほど刺激が強くてつい馬乗りになってどうだどうだ、と攻めまくります。あっ、思いだしてもあのビクンビクンが」

　童夢の説明はいたずらに長くだんだん異常になっていく。ヤバイよこいつは。聞いていた誰かが言った。

　雑魚釣り隊がエライと思うのは獲物の二十三匹を分業でどんどんさばいていくことだった。最初にさばくのは力仕事と慣れが重要なのでコンちゃんが京セラを助手にして海まで続いている石段のところで頭とウロコをとり内臓を出す。一メートル平均とみんな大きいからなかなか大変である。

　それを民宿の外にある流し場に運び太陽とケンタロウが三枚にオロシ、皮をはぎ、腹側と背側を切り離し、大きな四枚のサクにする。そいつを屋内の調理場に持っていって童夢と名嘉元がずんずん刺し身にしていく。

いつこんなシステムを開発したんだ、と思うくらいこの三箇所の連携がうまく機能している。まるで大きな料亭が百人ぐらいの客のためにどんどん仕事をしているみたいだ。

民宿の大広間には次々におろしたての新鮮な刺し身の大皿が並んでいく。まだ半分ぐらいしか刺し身にしていないのにもう我々ではとても食い切れない、というコトがわかってきた。その段階でケンタロウは民宿にカンパチやイナダを何本かあげていた。東京に送らないでみんな今夜食う、と言い張ったのはいったいナンだったのだろう。

宿は宿で牛肉のタタキとウチワエビを茹でたのを用意してくれていた。それからカンパチのカマ焼きを作ってくれた。

もうすでに大広間のテーブルの上に乗り切らない。大漁祝いの乾杯をしたあと一斉に箸が伸びた。まあ最初は刺し身だ。ところが、今しがたまで生きていたやつらだから肉がプリプリして上の歯と下の歯では噛みきれず顎の筋肉に支えの腕までつかって全身で噛みしめてもしぶとい刺し身に跳ね返されてなかなか咀嚼《そしゃく》できない。三キレ食うのに顎《あご》と歯が疲れ切ってしまう感じだ。

「せめて二日、できれば三日おいて食えばもう極上。たまりませんよ」

　コンちゃんがプロらしい解説をする。

「ヅケにしたらどうだ」

「ヅケにしてもやはりあと二日は必要ですね」

　やがて「タイの薄切り刺し身は肉のシャブシャブよりもうまいっすよ」と誰か若手が言った。そうしておれたちの宴会は例によって果てしなく続いたのであった。

（上から順に）コンが鱗や内臓を落とし、太陽とケンタロウが三枚におろす。最後は名嘉元と童夢が見事な刺し身にしあげた

豪華な刺し盛りで乾杯!!　平戸の海はとても優しかった

あとがきだ

この「怪しい雑魚釣り隊」シリーズも六冊目になった。ちょっとふりかえってみると、
①『わしらは怪しい雑魚釣り隊』（新潮文庫）
②『わしらは怪しい雑魚釣り隊　サバダバ　サバダバ篇』（新潮文庫）
③『わしらは怪しい雑魚釣り隊　マグロなんかが釣れちゃった篇』（新潮文庫）
④『おれたちを笑うな！　わしらは怪しい雑魚釣り隊』（小学館文庫）
⑤『おれたちを笑え！　わしらは怪しい雑魚釣り隊』（小学館文庫）
——ときて今作『おれたちをまたぐな！　わしらは怪しい雑魚釣り隊』である。

毎月一度どこかの海のそば、あるいは海の上に行って運の悪いオサカナと対決し、勝ったり負けたり、食ったり食われたり（食われはしないか）している話を、よくもまあこんなに長い期間おれたちはやっているものだ。読者は読んでいるものだ。

いや、読んでいただけているものだ。

雑魚釣り隊を結成して十五年かそれ以上になる筈だ。最初からのメンバーで変わら

ないのがその半数。あとは順次入隊してきた。

　なにかしら釣りをやっていて釣り意欲のある人、ぜんぜん海とか魚などに興味はなく海風に吹かれてビールを飲んでいるのがひたすら嬉しい、という人。キャンプのときの真夜中、天体望遠鏡で土星の輪をみつけた。これまで七回みつけた。と、まるで太陽系に土星が七コあるようなことを言って感動しているあんちゃんもいる。深夜一人でじっと浜辺のチョロチョロになった焚き火をじっと眺めているキケンそうな奴もいる。でもそういう奴が翌朝行方不明になるようなことはなく、テントでいつまでも大イビキをかいている。

　いろんな人がいていろんなことを話し、興にのるとみんなで小学校の唱歌などを歌って涙ぐんでいたりする。

　でも、それでいいのだ。日頃生きている街ではそんなことできないものなあ。

隊長　椎名誠

椎名さんは〝心に半ズボンをはいた〟兄貴である！

吉田伸子

年をとっても少年の心を失わない男性たちのことを、〝心に半ズボンをはいた〟と形容したのは、確か、作家の宮部みゆきさんだと記憶しているのだけど（この表現に、流石《さすが》！　と膝《ひざ》を打った）、本書を読むと、椎名さんはもちろんのこと、雑魚釣り隊の隊員たちがみな、心に半ズボンをはいていることがよくわかる。類は友を呼ぶ、というけれど、まさに、まさに、まさに。こと椎名さんに至っては、永遠に脱げない半ズボンをはいていると思う。

わしらは怪しい雑魚釣り隊シリーズも、巻を重ねて本書で6巻になる。いやもう、出てくるエピソード、エピソードが、じわじわと後をひく味があるのだけど、本書の中身にはおいおい触れるとして、そも雑魚釣り隊のはるか前身である「東ケト会」の話から始めたいと思う。

前作『おれたちを笑え！　わしらは怪しい雑魚釣り隊』の文庫解説で、雑魚釣り隊客人（待遇）である、KADOKAWAの宍戸さんが書かれているのだけれど、私は椎名さんが編集長だった「本の雑誌」の編集部で、出産を機に退職するまで足掛け十一年間働いていた。もし出産していなければ、今でも働いていたと思う。

そもそも、私と「本の雑誌」との出会いは、私が学生の頃、当時の〝助っ人〟募集に応じ、大学で過ごす時間よりもはるかに長い時間を「本の雑誌」で過ごしていたことに起因する。「本の雑誌」は都内および近郊の書店さんには雑誌と単行本を直接納品していたのだが、助っ人仕事は、その「配本部隊」としての仕事がメインだった。時に執筆者からの原稿受け取り（インターネットというものが普及するはるか以前は、原稿はFAXもしくは直《じか》にいただきにあがるのがデフォルトだったのだ）や、座談会や対談のテープ起こしといった、編集雑務もあったけど、まぁ、メインは配本。でも、本当のメインは、「本の雑誌」の業務が終わった後、発行人の目黒さんと助っ人仲間たちとの飲み会、だった。この飲み会の話をすると長くなるので、ここでは割愛するけれど、私たち助っ人は、二十歳前後の危なっかしい時期を、「本の雑誌」に携わることで、うまく乗り越えることができたように思う。

不定期刊から隔月刊を経て、「本の雑誌」が月刊化するのに合わせて、新卒で入った編集プロダクションを辞め、派遣社員をしつつふらふらしていた私に声をかけてくれたのが目黒さんと椎名さんだった。「本の雑誌」での日々がなかったら、きっと今の私はいないと思うのだけど、その話も長くなるので割愛。

さて、「東ケト会」のことである。ご存知「東ケト会」は、正式名称「東日本何でもケトばす会」。「東ケト会」の活動は、椎名さんの『わしらは怪しい探検隊』（角川文庫）に詳しいので、ぜひ一読をお勧めする。名著です！　この「東ケト会」こそが、第一次怪しい探検隊である。名称には怪しいとついているけれど、風体《ふうてい》こそやや怪しくあるかもしれないが（失礼！）、氏素性《うじすじょう》のはっきりとした面々である。私が「本の雑誌」に出入りしていた学生の頃は、そのメンバーは、椎名さんが勤めていた業界紙「ストアーズレポート」の編集部の方たちがメイン——陰気な子安さんとか火吹きの長谷川さんとか、依田さんとか。目黒さんも「釜炊きメグロ」として参加していた——で、他には、イラストレーターの沢野（ひとし）さんがいた。本の雑誌の初代助っ人である米藤さん、同じく助っ人の澤田（康彦）さんも「ドレイ」として加わっていたはずだ。

ちなみに、この「ドレイ」という呼称は、現雑魚釣り隊にも受け継がれているので、このご時世、ポリコレ的に眉をひそめる人もいるかもしれないので断っておきますが、これ、愛称ですからね。蔑称ではありません。まぁ、そのことは本書を読めば一目瞭然ではありますが。

「東ケト会」で私が印象に残っているのは、何に書かれたかは忘れたのだが、キャンプで洗い物担当となった澤田さんが、椎名隊長が、男らしく水（だけ）で洗え！　という主義なのに対して、「ここに、洗剤を使ってしっかり綺麗に洗いたいと思っているドレイが約一名いることだけは、忘れないで欲しい」というような内容の文を書いていたこと。椎名さんらしい豪快さと、澤田さんらしい潔癖さ、この二つの対比が（本人を知っている私には）めちゃくちゃツボだった。

この「東ケト会」から「いやはや隊」を経て、現雑魚釣り隊へといたるわけだが、椎名さんは私が知っている全期間で、「兄貴」である。椎名さん本人は「隊長だ」と言うかもしれないが、私の中での位置付けは「兄貴」だ。年が離れている隊員たちにとっては「叔父貴」。この兄貴、懐が深くて、めっぽう照れ屋。含羞《がんしゅう》のあまりみずから「怪しい」と名乗るほどに。曲がったことは大嫌いだし、理不尽も大嫌い。筋の曲がったことは許さない（この、筋が曲がったことを許さない実例として、何度言っても仕事の約束を守らなかった沢野さんに対して、しばらくの間、口をきかなかった椎名さん、を私は間近で見ている）。

椎名さんについて、今でも覚えているのは、ある雑誌のアンケートだったと思うのだけど（うろ覚え、ご寛恕《かんじょ》のほど）、戦争になったら戦いますか？という問いに対して、椎名さんはこう答えたのだ。「肉弾戦になったら戦います」と。あぁ、なんて本音の答えなんだろう、と思ったのだ。なんて正しい答えなんだろう、と。戦争はあってはならないし、したくもない。でも、もし万が一、目の前に命を脅かすような明白な敵があらわれて、どうしても、という事態になったら、問答無用で殴り合う、と。殴り合い、ですよ。素手で（ここ、重要！）。世界中の人が、椎名さんのように考えるといいのになぁ、と心から思った。

さてさて、回り道が長くなってしまったが、本書である。このシリーズが長く愛されている理由の一つに「釣り」の魅力が溢れていることがある（雑魚釣り隊、なので当たり前なのですが）。魚を釣り上げることのヨロコビとボウズで終わる場合のカナシミと。そして、何より、その釣果をもとにした宴会と。この宴会の食べ物がまた美味しそうで、美味しそうで。同時に、釣り上げた魚を前にした時の、隊員たちの顔、これがいいのだ。宴会での集合写真でも、隊員たちはみんな笑顔で、その楽しさが伝わってくる。釣り好きにはもちろん、釣りとは縁がない私までもが、その笑顔に引き込まれてしまう。そして、猛烈に飲みたくなってくる。

釣りとは縁がない、と書いたが、実は縁はあった。私事で恐縮なのだが、三年前に亡くなった父が、無類の海釣り好きだったのだ。口癖が「お前が男だったらなぁ。一緒に海に連れて行くのに」だったくらい。そんな父の言葉を聞くたびに、いやいや、もし男だったとしても、極度の乗り物酔い体質だから船は死んでも無理だし、そもそも釣りの何が楽しいかわからんし、と心の中で思いつつスルーしていたのだった。父は釣り仲間と船をチャーターして沖釣りをしたり、一人で手漕ぎの舟（ボート？）で海に出て釣りをしていた。冬場は岸壁で磯釣り。週末になると、嬉々として釣りの仕掛けを準備していた父を横目で眺めつつ、娘の私の興味は、父が持ち帰る釣果のみ。カレイ、タイ。イカ釣りもしてたっけ。クロソイもあったなぁ。

私は、正直、釣りのどこが面白いんだろう？　と思っていたのだ。夜中の2時起きで車を走らせ釣りに向かう父を、ご苦労なことで、くらいにしか思っていなかった。けれど、本書を読むと、そんな私でも釣りの魅力に目覚めてしまう。父もこんな時間を過ごしていたのかな、こんなふうに楽しんでいたのかな。そうだったらいいな。いや、きっとそうに違いない。父に、このシリーズを読んで欲しかったな。釣り場のことや、仕掛けのこと、何より、父が愛した海のことを、この本を真ん中にして話したかったな。そう思った。釣りにも海にも興味がなかった娘である私は、昨年、父の希望通り、父の故郷の海に散骨をしてきた。船酔いで真っ青になりつつ、息子に支えてもらいつつ、なんとか父を海に還してきた。最後まで不出来な娘でごめんね、お父ちゃん。

今年の秋、父の命日にはこの文庫をお供に、海を見に行こう、と思っている。

令和元年八月　書評家

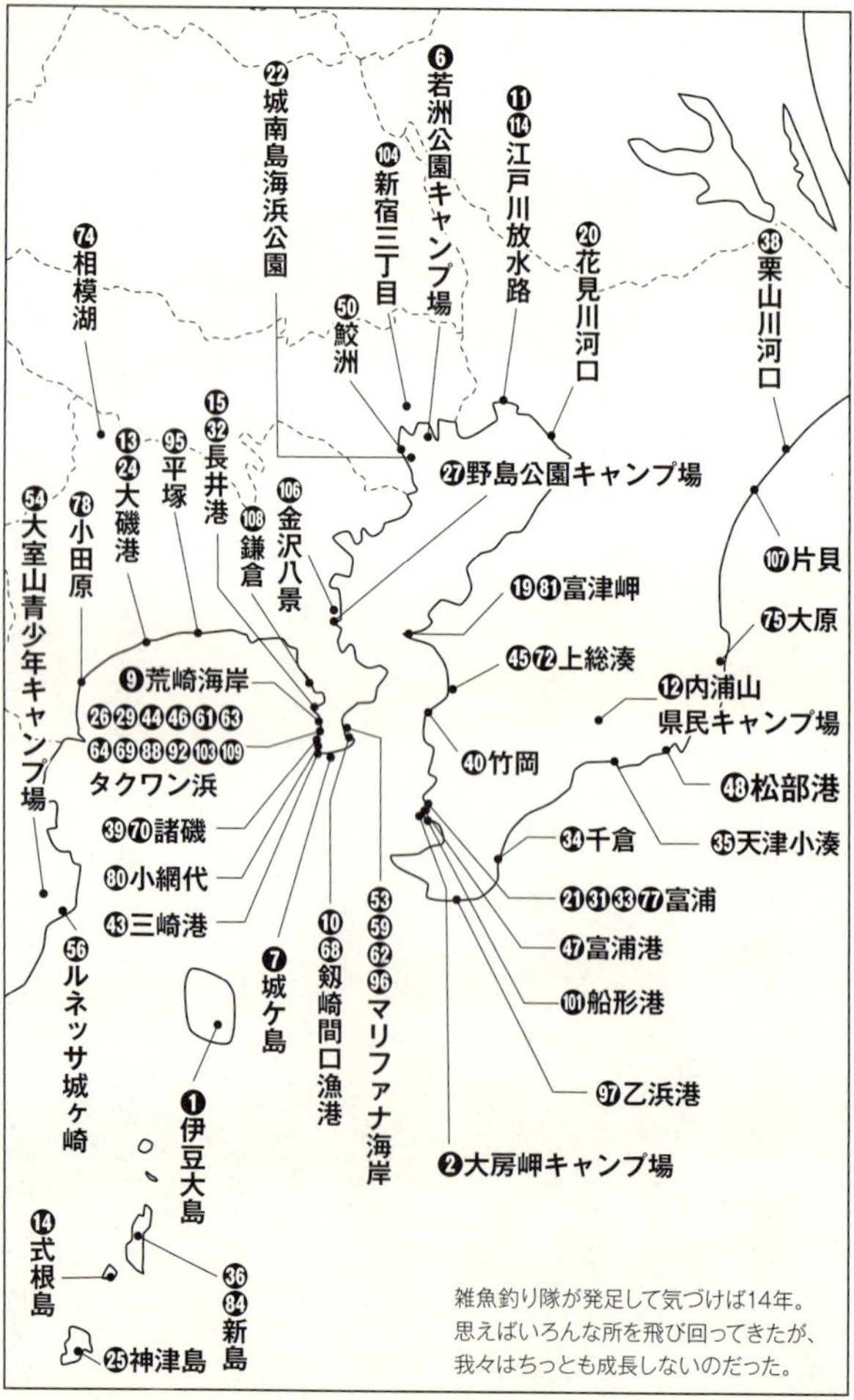

雑魚釣り隊が発足して気づけば14年。
思えばいろんな所を飛び回ってきたが、
我々はちっとも成長しないのだった。

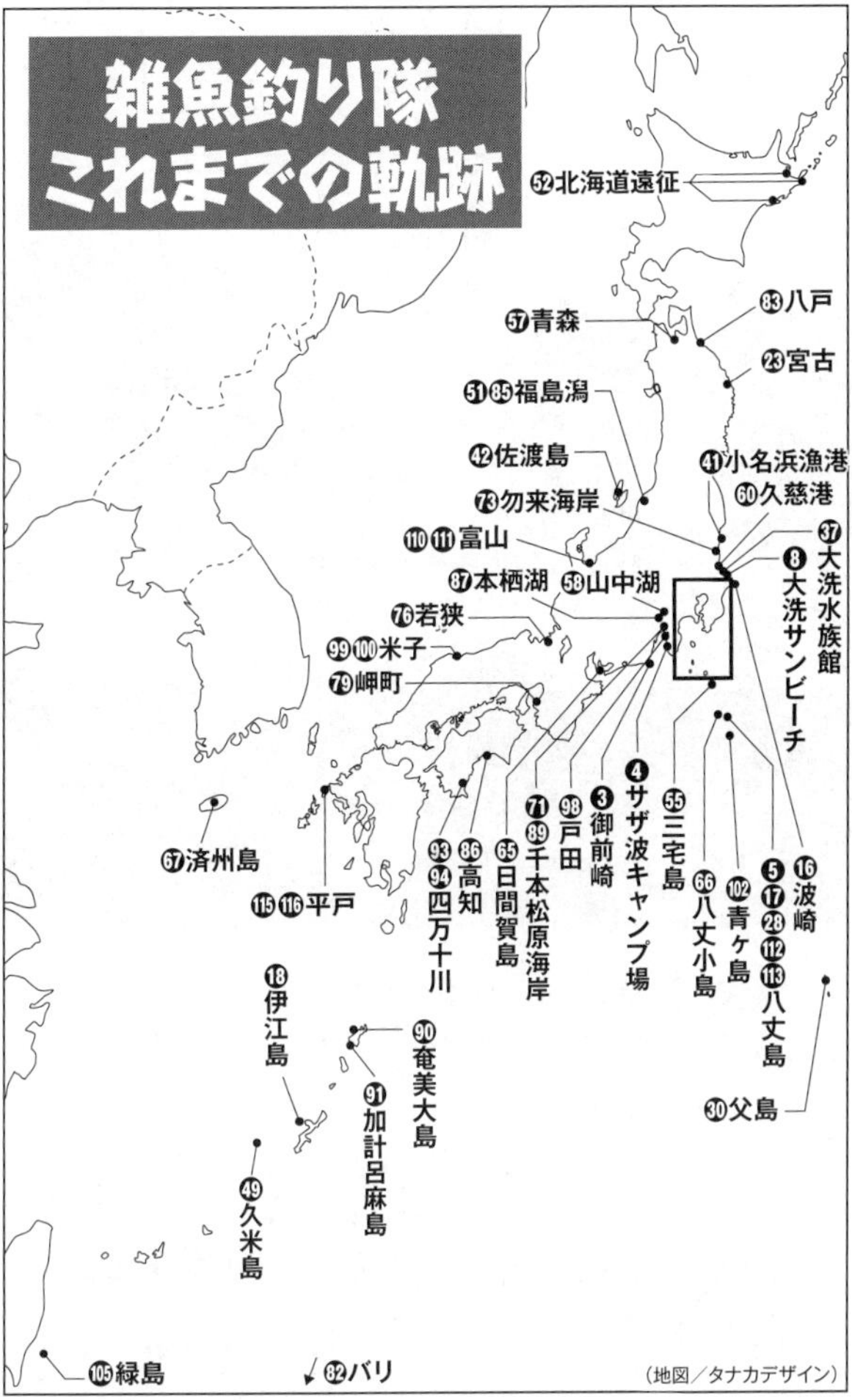

雑魚釣り隊
これまでの軌跡
52北海道遠征
57青森
83八戸
23宮古
51 85福島潟
42佐渡島
41小名浜漁港
60久慈港
73勿来海岸
110 111富山
37大洗水族館
8大洗サンビーチ
87本栖湖
58山中湖
76若狭
99 100米子
79岬町
67済州島
115 116平戸
93 94四万十川
86高知
65日間賀島
71 89千本松原海岸
98戸田
3御前崎
4サザ波キャンプ場
55三宅島
66八丈小島
102青ヶ島
5 17 28 112 113八丈島
16波崎
30父島
18伊江島
90奄美大島
91加計呂麻島
49久米島
105緑島
82バリ
（地図／タナカデザイン）

――本書のプロフィール――

本書は、二〇一七年八月刊行の『おれたちを跨ぐな！わしらは怪しい雑魚釣り隊』（小学館）の文庫化です。

小学館文庫

おれたちをまたぐな！
わしらは怪《あや》しい雑《ざ》魚《こ》釣《つ》り隊《たい》

著者　椎名《しいな》　誠《まこと》

二〇一九年九月十一日　初版第一刷発行

発行人　鈴木崇司
発行所　株式会社　小学館
〒一〇一-八〇〇一
東京都千代田区一ツ橋二-三-一
電話　編集〇三-三二三〇-五九六一
　　　販売〇三-五二八一-三五五五
印刷所――凸版印刷株式会社

この文庫の詳しい内容はインターネットで24時間ご覧になれます。
小学館公式ホームページ　http://www.shogakukan.co.jp

ISBN978-4-09-406688-3